실무 예제로 배우는
Elasticsearch
검색엔진

실무 예제로 배우는 **Elasticsearch 검색엔진** 기본편

초판발행 2014년 04월 10일

지은이 정호욱 / **펴낸이** 김태헌
펴낸곳 한빛미디어(주) / **주소** 서울시 마포구 양화로 7길 83 한빛미디어(주) IT출판부
전화 02-325-5544 / **팩스** 02-336-7124
등록 1999년 6월 24일 제10-1779호
ISBN 978-89-6848-706-4 13000 / **정가** 13,200원

책임편집 배용석 / **기획·편집** 정지연
디자인 표지 여동일, 내지 스튜디오 [밈], 조판 최송실
영업 김형진, 김진불, 조유미 / **마케팅** 박상용, 서은옥, 김옥현

이 책에 대한 의견이나 오탈자 및 잘못된 내용에 대한 수정 정보는 한빛미디어(주)의 홈페이지나 아래 이메일로 알려주십시오.
한빛미디어 홈페이지 www.hanbit.co.kr / **이메일** ask@hanbit.co.kr

Published by HANBIT Media, Inc. Printed in Korea
Copyright © 2014 정호욱 & HANBIT Media, Inc.
이 책의 저작권은 정호욱과 한빛미디어(주)에 있습니다.
저작권법에 의해 보호를 받는 저작물이므로 무단 복제 및 무단 전재를 금합니다.

지금 하지 않으면 할 수 없는 일이 있습니다.
책으로 펴내고 싶은 아이디어나 원고를 메일(ebookwriter@hanbit.co.kr)로 보내주세요.
한빛미디어(주)는 여러분의 소중한 경험과 지식을 기다리고 있습니다.

저자 소개

지은이_정호욱

지난 13년 동안 야후코리아, NHN Technology, 삼성전자에서 커뮤니티, 소셜 검색, 광고 검색 관련 서비스를 개발해 오면서 검색엔진을 활용한 다양한 프로젝트를 수행하였다. 현재 빅 데이터 전문 기업인 그루터^{Gruter}에서 오픈 소스 기반 검색엔진 개발자로 근무하고 있다. elasticsearch 기술에 대한 정보와 경험을 현재 개인 블로그(http://jjeong.tistory.com)를 통해 공유하고 있다.

저자 서문

검색엔진은 모든 서비스의 기본이 되는 핵심 요소입니다. 우리가 사용하는 모든 서비스에는 검색 기능이 포함되어 있습니다. 하지만 검색엔진 관련 기술은 일반 사용자가 접근하기에는 너무 어려운 기술로 남아 있습니다. 루씬Lucene이라는 오픈 소스 검색라이브러리가 진입 장벽을 많이 낮추기는 했지만, 서비스에 적용하기에는 개발자가 직접 구현해야 하는 기능이 너무 많고 관리와 유지보수가 어렵다는 문제가 있었습니다.

하지만 이런 문제점은 elasticsearch라는 오픈 소스 검색엔진이 나오면서 사라졌고 전문적인 검색엔진 및 서비스 개발자가 아니더라도 누구나 쉽게 검색 서비스를 만들 수 있게 되었습니다.

비싼 라이선스 비용을 내고 검색 품질과 기능을 커스터마이징하기 어려운 벤더 중심의 검색엔진을 사용하고 있다면 elasticsearch로 꼭 바꾸길 추천합니다. 아직 국내에는 elasticsearch 사용자층이 높지 않습니다. 이 책은 elasticsearch에 관심은 있으나 어디서부터 시작해야 할지 모르는 사용자와 검색을 모르는 사용자가 쉽게 서비스를 만들 수 있도록 도움을 주고자 집필하였습니다.

끝으로 이 책을 집필하는 데 많은 도움을 주신 그루터 권영길 대표님 그리고 이 책이 세상에 빛을 볼 수 있도록 많은 도움을 주신 한빛미디어 김창수 님, 정지연 님, 이중민 님께 감사의 말을 전합니다.

집필을 마치며
저자 정호욱

대상 독자 및 참고사항

초급	초중급	중급	중고급	고급
초급				

이 책은 elasticsearch 1.0.0을 이용해서 검색엔진을 구축하고 색인, 검색 기능을 구현하는 방법을 소개하는 책입니다. 기본 예제는 일반 쇼핑몰 상품 검색 기능을 구현할 수 있는 수준으로 작성되어 있습니다.

Eclipse로 Maven 프로젝트를 생성하여 JUnit 기반의 테스트 코드를 작성해 본 개발자라면 누구나 쉽게 읽을 수 있습니다. 또한, 실무 중심으로 예제를 구성하였으므로 이를 검색 서비스 개발에 응용할 수 있습니다.

이 책의 검색엔진 설치와 예제 코드 실행을 위해서는 linux 계열의 OS와 Java 6 이상이 설치된 개발 환경이 갖춰져 있어야 합니다.

이 책의 예제 코드와 프로젝트는 아래 링크에서 받을 수 있습니다.

- https://github.com/HowookJeong/hanb-elasticsearch-beginner

한빛 eBook 리얼타임

한빛 eBook 리얼타임은 IT 개발자를 위한 eBook입니다.

요즘 IT 업계에는 하루가 멀다 하고 수많은 기술이 나타나고 사라져 갑니다. 인터넷을 아무리 뒤져도 조금이나마 정리된 정보를 찾는 것도 쉽지 않습니다. 또한 잘 정리되어 책으로 나오기까지는 오랜 시간이 걸립니다. 어떻게 하면 조금이라도 더 유용한 정보를 빠르게 얻을 수 있을까요? 어떻게 하면 남보다 조금 더 빨리 경험하고 습득한 지식을 공유하고 발전시켜 나갈 수 있을까요? 세상에는 수많은 종이책이 있습니다. 그리고 그 종이책을 그대로 옮긴 전자책도 많습니다. 전자책에는 전자책에 적합한 콘텐츠와 전자책의 특성을 살린 형식이 있다고 생각합니다.

한빛이 지금 생각하고 추구하는, 개발자를 위한 리얼타임 전자책은 이렇습니다.

1. eBook Only - 빠르게 변화하는 IT 기술에 대해 핵심적인 정보를 신속하게 제공합니다.

    500페이지 가까운 분량의 잘 정리된 도서(종이책)가 아니라, 핵심적인 내용을 빠르게 전달하기 위해 조금은 거칠지만 100페이지 내외의 전자책 전용으로 개발한 서비스입니다. 독자에게는 새로운 정보를 빨리 얻을 수 있는 기회가 되고, 자신이 먼저 경험한 지식과 정보를 책으로 펴내고 싶지만 너무 바빠서 엄두를 못 내는 선배, 전문가, 고수 분에게는 보다 쉽게 집필할 수 있는 기회가 될 수 있으리라 생각합니다. 또한 새로운 정보와 지식을 빠르게 전달하기 위해 O'Reilly의 전자책 번역 서비스도 하고 있습니다.

2. 무료로 업데이트되는, 전자책 전용 서비스입니다.

    종이책으로는 기술의 변화 속도를 따라잡기가 쉽지 않습니다. 책이 일정 분량 이상으로 집필되고 정리되어 나오는 동안 기술은 이미 변해 있습니다. 전자책으로 출간된 이후에도 버전 업을 통해 중요한 기술적 변화가 있거나 저자(역자)와 독자가 소통하면서 보완하여 발전된 노하우가 정리되면 구매하신 분께 무료로 업데이트해 드립니다.

3. 독자의 편의를 위해 DRM-Free로 제공합니다.

구매한 전자책을 다양한 IT 기기에서 자유롭게 활용할 수 있도록 DRM-Free PDF 포맷으로 제공합니다. 이는 독자 여러분과 한빛이 생각하고 추구하는 전자책을 만들어 나가기 위해 독자 여러분이 언제 어디서 어떤 기기를 사용하더라도 편리하게 전자책을 볼 수 있도록 하기 위함입니다.

4. 전자책 환경을 고려한 최적의 형태와 디자인에 담고자 노력했습니다.

종이책을 그대로 옮겨 놓아 가독성이 떨어지고 읽기 힘든 전자책이 아니라, 전자책의 환경에 가능한 한 최적화하여 쾌적한 경험을 드리고자 합니다. 링크 등의 기능을 적극적으로 이용할 수 있음은 물론이고 글자 크기나 행간, 여백 등을 전자책에 가장 최적화된 형태로 새롭게 디자인하였습니다.

앞으로도 독자 여러분의 충고에 귀 기울이며 지속해서 발전시켜 나가도록 하겠습니다.

지금 보시는 전자책에 소유권한을 표시한 문구가 없거나 타인의 소유권한을 표시한 문구가 있다면 위법하게 사용하고 있을 가능성이 높습니다. 이 경우 저작권법에 의해 불이익을 받으실 수 있습니다.

다양한 기기에 사용할 수 있습니다. 또한 한빛미디어 사이트에서 구입하신 후에는 횟수에 관계없이 내려받으실 수 있습니다.

한빛미디어 전자책은 인쇄, 검색, 복사하여 붙이기가 가능합니다.

전자책은 오탈자 교정이나 내용의 수정·보완이 이뤄지면 업데이트 관련 공지를 이메일로 알려드리며, 구매하신 전자책의 수정본은 무료로 내려받으실 수 있습니다.

이런 특별한 권한은 한빛미디어 사이트에서 구입하신 독자에게만 제공되며, 다른 사람에게 양도나 이전은 허락되지 않습니다.

차례

01 Elasticsearch 시작하기 — 1

1.1 Elasticsearch란? 1
1.2 Elasticsearch의 특징 2

02 Elasticsearch 설치 및 구성하기 — 4

2.1 Elasticsearch 주요 용어 4
2.2 Elasticsearch 설치하기 6
2.3 Elasticsearch Standalone 구성하기 10
2.4 Elasticsearch Cluster 구성하기 21
2.5 Elasticsearch Node 구성의 이해 32
2.6 Elasticsearch Route 기능의 이해 33
2.7 Elasticsearch REST API 알아보기 36
2.8 Elasticsearch Index Settings 알아보기 41
2.9 Elasticsearch Index Mappings 알아보기 44

03 Elasticsearch 색인하기 — 52

3.1 Index Settings 설정하기 52
3.2 Index Schema Mappings 설정하기 55
3.3 Index 생성하기 65
3.4 색인하기 69

04 Elasticsearch 검색하기　　　　　　　　　　　90

4.1　검색 결과 속성 90
4.2　기본 검색하기 91
4.3　복합 검색하기 120
4.4　검색 결과 Paging 127
4.5　검색 결과 Filtering 131
4.6　검색 결과 Sorting 134
4.7　검색 결과 Faceting 138
4.8　검색 결과 Highlighting 146
4.9　검색 질의 Boosting 151

05 Elasticsearch Site Plugin 활용　　　　　　　　159

5.1　Marvel Plugin 159
5.2　Head Plugin 160
5.3　Bigdesk Plugin 161
5.4　Sense 163
5.5　기타 Site Plugin 164

1 | Elasticsearch 시작하기

지금까지 검색엔진 개발은 매우 어려운 기술 분야로 인식되어 일부 국한된 개발자의 영역으로 자리하였다. 국내는 대형 포털 등을 제외하고는 일부 벤더 중심의 검색 솔루션이 활성화되어 있지만, 외국은 오픈 소스 기반의 검색엔진을 많이 사용하는 추세다.

최근 국내에서도 이런 오픈 소스 검색엔진을 기반으로 검색 서비스를 전환하거나 구축하려는 곳이 많아지고 있다. 이것은 오픈 소스 검색엔진인 elasticsearch와 solr가 검색 서비스 시장의 많은 부분에 사용되고 있기 때문이다. 특히 elasticsearch는 쉬운 설치와 우수한 성능 그리고 빅 데이터에 대한 실시간 검색이 가능하다는 점에서 주목받고 있다.

오픈 소스 검색엔진 덕분에 이제는 검색엔진 또는 서비스 개발이 누구나 가능하게 되었다. 검색 서비스를 사용해 본 사람이라면 elasticsearch나 solr를 이용해 쉽고 빠르게 서비스를 구축할 수 있다.

이 책에서는 elasticsearch를 이용한 검색엔진 구성과 설정, 색인 그리고 검색까지 모든 기초 과정이 포함되어 있다. 책에 나온 기본 쇼핑몰 예제를 따라 해보면서 검색의 기본 기능을 이해하는 데 도움이 되길 바란다.

1.1 Elasticsearch란?

셰이 배논Shay Bannon이 시작한 오픈 소스 검색 서버 프로젝트로, JSON 기반의 비정형 데이터 분산 검색과 분석을 지원한다. 이 검색엔진은 실시간 검색 서비스 지원과 분산 및 병렬 처리 그리고 멀티테넌시Multitenancy 기능을 제공하며, 다양한 기능을 플러그인Plugin 형태로 구현하여 적용할 수 있는 것이 큰 특징이다.

또한, 아마존 웹 서비스^{AWS, Amazon Web Services}의 클라우드 서비스와 빅 데이터 처리를 위한 하둡^{Hadoop} 연동도 지원하고 있다. elasticsearch는 현재 웹 문서 검색, 소셜 데이터 분석, 쇼핑몰 검색 등 다양한 서비스에서 사용되고 있으며, 앞으로도 중·소규모의 데이터부터 빅 데이터까지 광범위한 검색과 분석 서비스에 활용될 것이다.

1.2 Elasticsearch의 특징

1.2.1 실시간 검색 및 분석 서비스 지원

실시간으로 발생하는 데이터를 기반으로 검색 질의 시 결과에 반영하거나 분석을 통한 결과를 실시간으로 제공할 수 있다.

1.2.2 분산 및 병렬 처리

데이터의 분산과 병렬 처리가 되므로 실시간 검색 및 분석을 할 수 있고, SPOF^{Single Point of Failure} 대응을 위한 높은 가용성을 제공한다.

1.2.3 멀티테넌시

하나의 클러스터 내에서 indice와 도큐먼트 타입^{Document Type}을 활용하여 멀티 클라이언트 구성 및 서비스를 할 수 있다. 예를 들어 shopping_mall이라는 indice에 인터넷 쇼핑몰들을 도큐먼트 타입으로 분리하여 생성하거나 인터넷 쇼핑몰들을 indice 별로 분리하여 shopping_mall이라는 별칭^{Alias}을 생성할 수 있다.

1.2.4 플러그인 형태 구현

검색엔진을 직접 수정하지 않고 필요한 기능에 대한 플러그인을 적용하여 기능을 확장할 수 있다. 예를 들어 외부에서 제공하는 형태소 분석기나 추가적인 REST API를 구현하여 적용할 수 있다.

1.2.5 기타

그 밖의 특징으로는 NoSQL과 같은 스키마^{Schema} free, JSON 기반의 문서 구조, 버전 관리를 통한 충돌^{Conflict} 관리가 가능하며, 전문검색$^{Full\ Text\ Search}$도 지원한다.

2 | Elasticsearch 설치 및 구성하기

이 장에서는 elasticsearch에서 자주 사용되는 용어들을 확인하고, elasticsearch를 설치한 후 단일 노드와 클러스터 환경으로 설정하는 과정을 살펴본다.

2.1 Elasticsearch 주요 용어

elasticsearch에서 자주 사용되거나 언급되는 용어들로, 검색엔진을 이해하는 데 기초가 되는 표현들이므로 확인하고 넘어가자.

2.1.1 Index

인덱스는 elasticsearch에서 데이터를 저장하기 위한 장소로, RDBMS의 데이터베이스와 유사하다. index는 하나 또는 여러 개의 도큐먼트 타입을 가질 수 있다. 실제 소스 코드나 참조 문서에는 indice라는 용어가 사용되는데 index는 검색에서 포괄적인 의미의 색인 또는 색인 파일이고, indice는 elasticsearch 내에서 물리적으로 사용되는 색인 또는 색인 파일이라고 보면 된다. 기존 검색엔진의 collection과 같은 의미가 indice다.

2.1.2 Shard

샤드는 루씬Lucene을 기준으로 검색의 기본 데이터베이스가 되는 인덱스이며, 대량의 데이터를 분산 처리하기 위한 개념으로 큰 크기의 인덱스를 여러 개의 작은 인덱스로 나누어 저장하는 것을 말한다. 샤드는 대량의 데이터를 단일 노드에 저장시 저장소 및 성능에 대한 한계를 해결하고, 대량의 데이터를 분산 처리하여 빠르게 결과를 만들 수 있게 한다.

- Primary Shard: 색인 시 가장 먼저 생성되는 인덱스로, 복제의 기본 소스가 된다.

- Replica Shard: 레플리카 설정에 따라 primary shard를 복제하여 생성된 샤드를 말한다.

2.1.3 Replica

레플리카는 서비스 장애 발생 시 서비스의 지속성 보장과 검색 처리량을 높이는 데 유용한 방법이다. 레플리카는 분산된 다른 노드에 샤드와 같은 데이터를 복제하여 서비스의 안정성 및 유연성을 제공한다.

기본적으로 primary shard에 색인이 완료되면 이를 바탕으로 각 노드에 샤드 복제가 async하게 이루어진다. async 방식으로 복제가 이루어지기 때문에 서비스 진행 중 색인 작업이 이루어지더라도 검색 성능 저하를 최소화한다.

2.1.4 Document type

도큐먼트 타입은 물리적인 인덱스나 저장소를 가지고 있지 않다. 다만 논리적으로 단일 인덱스에 대한 서로 다른 목적의 데이터를 구분하여 저장하는 방법으로 사용된다. 데이터베이스 관점에서 보면 테이블과 유사하며, 내장 필드인 _type에 따라 저장된다.

2.1.5 Document

검색에서 가장 기본이 되는 데이터 단위로, elasticsearch에 저장되는 하나의 item 또는 article을 말한다. 도큐먼트는 RDBMS에서 테이블 내 하나의 row에 해당한다.

- 도큐먼트의 필드Field는 RDBMS에서 테이블의 column에 해당한다.

2.1.6 Node

노드는 elasticsearch를 구성하는 하나의 서버 또는 데몬으로, 독립적으로 동작 가능한 서버를 말한다.

2.1.7 Cluster

클러스터는 standalone으로 동작하는 여러 노드를 하나의 그룹으로 묶어서 데이터의 분산과 공유를 할 수 있도록 서비스를 구성하는 것을 말한다.

2.1.8 Elasticsearch와 RDBMS 용어 비교

다음 표는 elasticsearch의 주요 용어를 이해하기 쉽도록 RDBMS 용어와 비교하여 보여준다.

[표 2-1] Elasticsearch와 RDBMS 용어 비교

Elasticsearch	RDBMS
index	database
document type	table
document	row
field	column

2.2 Elasticsearch 설치하기

elasticsearch는 standalone과 클러스터 구성이 모두 가능하므로 두 가지 방법으로 설치 과정을 다루어 본다.

2.2.1 Download

오픈 소스 특성상 버전 업그레이드가 잦으므로 elasticsearch 사이트[01]를 방문하여 최신 버전과 릴리스 노트Release Note를 꼭 확인한다.

---

01 http://www.elasticsearch.org/download/

```
$ wget https://download.elasticsearch.org/elasticsearch/elasticsearch/
elasticsearch-1.0.0.tar.gz
```

2.2.2 디렉터리 구조

elasticsearch 설치 파일의 압축을 풀면 처음에는 bin, config, lib의 세 개 디렉터리만 존재하고, 나머지 디렉터리는 실행할 때 생성된다.

[표 2-2] Elasticsearch 디렉터리 구조

디렉터리	설명
bin	elasticsearch 실행에 필요한 스크립트와 플러그인 설치 스크립트가 있다.
config	elasticsearch.yml과 logger.yml 파일이 있다.
lib	검색엔진에서 사용하는 라이브러리가 있다.
data	별도 path를 지정하지 않으면 기본 index store의 위치가 된다.
logs	검색엔진에서 기록하는 로그파일의 위치다.
plugins	검색엔진에서 사용하는 모든 플러그인이 설치되는 위치다.
work	임시 파일 경로다.

2.2.3 실행

elasticsearch는 두 가지 방법으로 실행할 수 있다. 하나는 foreground 방법으로 이 방법을 실행하면 실행 로그가 화면에 찍히면서 올라간다. 다른 하나는 background 방법으로 실행 시 아무런 변화가 없다.

```
$ tar -xvzf elasticsearch-1.0.0.tar.gz
$ cd elasticsearch-1.0.0
$ bin/elasticsearch -f
```

데몬 실행을 관리하기 위해 다음과 같은 옵션을 제공한다.

[표 2-3] 추가 실행 옵션

옵션	설명
-Des.config	elasticsearch.yml 파일을 지정한다.
-Des.pidfile	실행된 pid를 저장할 파일을 지정한다.
-Des.foreground	foreground로 실행할지 지정한다.
-Des.path.home	elasticsearch의 home 디렉터리를 지정한다.

2.2.4 실행 후 log 확인

백그라운드로 실행한 후 정상적으로 실행되었는지 로그 내용을 확인한다. 다음은 정상적으로 실행되었을 때 로그 메시지다.

```
$ tail -f logs/elasticsearch.log
[2014-02-14 12:37:27,074][INFO ][node                     ] [standalone]
version[1.0.0], pid[2289], build[a46900e/2014-02-12T16:18:34Z]
[2014-02-14 12:37:27,075][INFO ][node                     ] [standalone]
initializing ...
[2014-02-14 12:37:27,082][INFO ][plugins                  ] [standalone] loaded [],
sites [bigdesk, browser, head, HQ, inquisitor]
[2014-02-14 12:37:29,563][INFO ][node                     ] [standalone]
initialized
[2014-02-14 12:37:29,563][INFO ][node                     ] [standalone] starting
...
[2014-02-14 12:37:29,661][INFO ][transport                ] [standalone]
bound_address {inet[/127.0.0.1:9300]}, publish_address {inet[localho
st/127.0.0.1:9300]}
[2014-02-14 12:37:32,720][INFO ][cluster.service          ] [standalone] new_master
[standalone][XeH7K7YTQBWLUfHvc1ZJ-A][jeong-ui-MacBook-Pro.local][inet[localho
st/127.0.0.1:9300]]{master=true}, reason: zen-disco-join (elected_as_master)
[2014-02-14 12:37:32,743][INFO ][discovery                ] [standalone]
elasticsearch/XeH7K7YTQBWLUfHvc1ZJ-A
[2014-02-14 12:37:32,762][INFO ][http                     ] [standalone]
```

```
bound_address {inet[/127.0.0.1:9200]}, publish_address {inet[localho
st/127.0.0.1:9200]}
[2014-02-14 12:37:33,367][INFO ][gateway              ] [standalone] recovered
[2] indices into cluster_state
[2014-02-14 12:37:33,368][INFO ][node                 ] [standalone] started
```

2.2.5 실행 스크립트 구성하기

클러스터 구성으로 여러 대의 노드를 관리할 때 노드별로 실행하거나 중지하는 것은 매우 비효율적인 방법이다. 노드를 효율적으로 관리하려면 다음과 같은 실행 스크립트를 작성하여 사용한다.

[start.sh 작성]

```
#!/bin/bash

export ES_HEAP_SIZE=256m
export ES_HEAP_NEWSIZE=128m
export JAVA_OPT="-server -XX:+AggressiveOpts -XX:UseCompressedOops
-XX:MaxDirectMemorySize -XX:+UseParNewGC -XX:+UseConcMarkSweepGC
-XX:+CMSParallelRemarkEnabled -XX:CMSInitiatingOccupancyFraction=75 -XX:+UseC
MSInitiatingOccupancyOnly"

ES=/home/es/app/elasticsearch
$ES/bin/elasticsearch -Des.pidfile=$ES/bin/es.pid
-Des.config=$ES_NODE/config/elasticsearch.yml -Djava.net.preferIPv4Stack=true
-Des.max-open-files=true > /dev/null 2>&1 &
```

- $ES 변수는 실제 설치된 경로로 수정해야 한다.

[stop.sh 작성]

```
#!/bin/bash

ES=/home/es/app/elasticsearch
/bin/kill `cat < $ES/bin/es.pid`
```

- $ES 변수는 실제 설치된 경로로 수정해야 한다.

2.3 Elasticsearch Standalone 구성하기

이 절에서는 elasticsearch 데몬을 하나 구성하여 설정하는 과정을 살펴본다. 이를 바탕으로 클러스터 구성까지 확장하므로 이번 절의 기본 설정을 잘 이해하도록 한다.

2.3.1 Cluster 명 설정

이 설정은 standalone 구성 시 필요하지 않으나 관리적인 면에서 설정하는 것을 추천한다. 각 노드를 클러스터 명 기준으로 그루핑하여 서비스하므로, 이름이 다르거나 틀릴 경우 정상적으로 그루핑되지 않는다.

cluster.name은 elasticsearch 실행 시 data 디렉터리 밑에 같은 이름의 디렉터리를 생성한다. 이를 바탕으로 같은 클러스터의 노드들은 data 디렉터리의 클러스터 명 아래로 색인 데이터를 저장한다.

- cluster.name: cluster_standalone을 지정하지 않으면 elasticsearch로 자동 생성된다.

2.3.2 Node 명 설정

노드 명은 클러스터 구성 시 노드 구분을 위해 설정하며, 관리의 편리성과 개발의 직관성을 높여준다. 별도로 설정하지 않으면 내부적으로 자동 생성되지만 추천하지 않는다.

```
node.name: standalone
```

2.3.3 Node 역할 설정

각 노드는 마스터 노드Master Node와 데이터 노드Data Node, 로드 밸런서 노드Load Balancer Node, 클라이언트 노드Client Node의 네 가지 역할을 한다. 노드 구성에 대한 자세한 내용은 뒤에서 다루고[02], 여기에서는 각 노드의 역할 설정만 설명한다.

싱글 노드 구성을 위해 마스터 노드와 데이터 노드 설정을 모두 true로 한다.

```
node.master: true
node.data: true
```

- 마스터로 설정되면 클러스터와 노드에 대한 정보와 상태를 관리하고, 인덱스와 샤드에 대한 coordination을 수행한다. 데이터로 설정되면 자신의 노드에 색인 데이터를 저장할 수 있다.

2.3.4 Index Shard와 Index Replica 설정

샤드와 레플리카의 기본값은 각각 5와 1로 구성된다. 하지만 단일 구성에서는 복제 설정을 하더라도 할당할 노드가 없으므로 레플리카 설정은 0으로 한다.

```
index.number_of_shards: 5
index.number_of_replicas: 0
```

- 인덱스 샤드는 색인 저장소로 사용되는 인덱스를 물리적으로 작은 단위의 샤드에 분산해서 저장하기 위해 설정하며, 인덱스 레플리카는 장애가 발생하거나 샤드가 깨졌을 때 복구와 대응을 하기 위해 설정한다.

---

02 2.5 Elasticsearch node 구성의 이해 참고

2.3.5 Index 기타 설정

elasticsearch에는 기본 설정 외에도 다양한 설정 값이 있다. 기본 설정에 대한 정보를 제외하고, 대부분의 설정 정보는 자세히 나와 있지 않다. 자세한 내용을 알려면 소스코드를 보거나 elasticsearch에서 제공하는 웹사이트의 guide 문서[03]를 참고한다. 하지만 이런 상세한 설정을 하지 않더라도 기본 설정만으로 중소 규모 사이트는 구성할 수 있다.

[표 2-4] 인덱스 기타 설정

기본 설정 값	설명
index.mapper.dynamic: true	자동으로 필드 매핑을 설정한다.
index.refresh_interval: "1s"	색인 operation에 대한 실시간 검색 반영을 위한 주기 설정이다.
action.auto_create_index: true	자동 인덱스 생성에 대한 설정으로 패턴을 지원한다.
action.disable_shutdown: true	REST API를 이용하여 노드 shutdown 기능을 활성화한다.

2.3.6 Network 설정

네트워크 설정은 클라이언트와 서버 간 통신을 위해 프로토콜[Protocol]과 포트[Port] 정보를 구성한다. elasticsearch에서는 클라이언트 개발을 위한 접근이 쉽도록 대부분의 API를 REST 방식으로 지원하며, JSON 기반의 데이터형을 사용한다.

[표 2-4] 네트워크 기본 설정

기본 설정 값	설명
network.host: localhost	IP 정보로 설정한다.
transport.tcp.port: 9300	TCP 기본 포트로, 변경할 수 있다.
transport.tcp.compress: true	TCP 통신 시 데이터 압축을 설정한다.
http.port: 9200	http(REST API) 기본 포트로, 변경할 수 있다
http.enabled: true	http(REST API) 사용을 활성화한다.

---

03 http://www.elasticsearch.org/guide/

2.3.7 Gateway 설정

게이트웨이 모듈 설정에서는 클러스터의 메타 정보와 인덱스 설정, 매핑 정보 등을 어떻게 저장하고 운영할지 구성하게 된다. 이를 바탕으로 하나 또는 전체 노드를 재시작할 때 저장된 정보를 이용하여 서비스가 안전하게 운영되도록 해준다.

```
gateway.type: local
```

- 게이트웨이 타입Gateway Type은 색인 저장소 유형으로 사용하는 스토어 타입 Store Type과는 다른 설정으로 local, shared fs, hadoop 그리고 s3의 4가지 유형을 제공한다. 현재 elasticsearch에서는 local gateway를 추천하고, 이외 타입들은 삭제될 예정이나 레거시 코드Legacy Code를 지원하기 위해 아직 남아 있다.

2.3.8 Discovery 설정

클러스터 내에서 노드 간 통신과 마스터 노드 관리를 설정하는 역할을 담당한다. standalone 구성에서는 별로 필요하지 않으나 클러스터 구성 때 매우 중요한 역할을 담당한다. 특히 네트워크 통신을 요구하는 클러스터 구성에서는 데이터 손실이 발생할 수 있기 때문에 이 설정이 더욱 중요하다.

```
discovery.zen.ping.multicast.enabled: false #같은 네트워크 구간에 있는 모든
노드와 discovery 통신을 한다.
discovery.zen.minimum_master_nodes: 2 #master 역할을 수행할 노드의 최소 단위를
지정한다.
discovery.zen.ping.timeout: 3s
discovery.zen.ping.unicast.hosts: ["localhost:9300","localhost:9301","localho
st:9302"]
```

- multicast.enabled 설정은 같은 네트워크 구간에 있는 모든 노드와 불필요한 트래픽을 유발하므로 이를 방지하기 위해 false로 설정하는 것을 추천한다.
- minimum_master_nodes 설정은 master 역할을 수행할 최소 단위의 노드 크기를 지정하게 된다. 데이터 손실 및 서비스 안정성을 확보하기 위해 최소 2개 이상 설정하는 것을 추천한다.
- 그 외에는 서버 구성과 특성에 맞춰서 설정한다.

2.3.9 elasticsearch.yml 작성

이제 본격적인 설정 작업을 해 보자. attribute와 value 작성 시 콜론(:)과 띄어쓰기에 주의해야 한다.

- 속성 명과 콜론은 붙이고, 값은 한 칸 띄어서 쓴다.
  형식) ATTRIBUTE.NAME: VALUE
- 콜론 뒤에 띄어쓰기 없이 값을 입력하면 elasticsearch를 실행하여 설정 값을 로딩할 때 오류가 발생할 수 있다.

```
$ vi config/elasticsearch.yml
```

[elasticsearch.yml]

```
node.name: standalone
node.master: true
node.data: true

index.number_of_shards: 5
index.number_of_replicas: 0
index.mapper.dynamic: true
index.refresh_interval: "1s"
```

```
action.auto_create_index: true #패턴 형식의 인덱스 명 생성 판단 설정이다.
                               settings, mappings 정보 없이 바로 문서를 등록할
                               경우 자동으로 인덱스 생성 여부 결정한다.
action.disable_shutdown: true


network.host: localhost
transport.tcp.port: 9300
transport.tcp.compress: true
http.port: 9200
http.enabled: true


gateway.type: local
```

2.3.10 실행 및 확인

터미널을 빠져나온 후에도 elasticsearch 데몬을 계속 실행시키기 위해 백그라운드로 실행한다.

```
$ bin/elasticsearch -Des.pidfile=es.pid > /dev/null 2>&1 &
```

실행 후 정상적으로 elasticsearch 데몬이 동작하는지 REST API를 이용하여 노드 정보를 확인한다.

```
$ curl -XGET http://localhost:9200/_nodes?pretty=true
```

다음은 데몬이 정상적으로 실행되었을 때 결과값이다.

[실행 결과]

```
{
    "cluster_name" : "elasticsearch",
    "nodes" : {
        "eL_3STjkRvC0mzvmCyd4Kg" : {
            "name" : "Zzzax",
            "transport_address" : "inet[/192.168.0.117:9300]",
            "host" : "jeong-ui-MacBook-Pro.local",
            "ip" : "192.168.0.117",
            "version" : "1.0.0",
            "build" : "a46900e",
            "http_address" : "inet[/192.168.0.117:9200]",
            "settings" : {
                "path" : {
                    "logs" : "/Users/hwjeong/server/app/elasticsearch/elasticsearch-1.0.0/logs",
                    "home" : "/Users/hwjeong/server/app/elasticsearch/elasticsearch-1.0.0"
                },
                "cluster" : {
                    "name" : "elasticsearch"
                },
                "foreground" : "yes",
                "name" : "Zzzax"
            },
            "os" : {
                "refresh_interval" : 1000,
                "available_processors" : 8,
                "cpu" : {
                    "vendor" : "Intel",
                    "model" : "MacBookPro10,1",
```

```
            "mhz" : 2400,
            "total_cores" : 8,
            "total_sockets" : 8,
            "cores_per_socket" : 16,
            "cache_size_in_bytes" : 256
        },
        "mem" : {
            "total_in_bytes" : 8589934592
        },
        "swap" : {
            "total_in_bytes" : 5368709120
        }
    },
    "process" : {
        "refresh_interval" : 1000,
        "id" : 2383,
        "max_file_descriptors" : 10240,
        "mlockall" : false
    },
    "jvm" : {
        "pid" : 2383,
        "version" : "1.6.0_65",
        "vm_name" : "Java HotSpot(TM) 64-Bit Server VM",
        "vm_version" : "20.65-b04-462",
        "vm_vendor" : "Apple Inc.",
        "start_time" : 1392354224036,
        "mem" : {
            "heap_init_in_bytes" : 268435456,
            "heap_max_in_bytes" : 1060372480,
            "non_heap_init_in_bytes" : 24317952,
            "non_heap_max_in_bytes" : 136314880,
            "direct_max_in_bytes" : 1060372480
```

```
        },
        "gc_collectors" : [ "ParNew", "ConcurrentMarkSweep" ],
        "memory_pools" : [ "Code Cache", "Par Eden Space", "Par Survivor
Space", "CMS Old Gen", "CMS Perm Gen" ]
    },
    "thread_pool" : {
        "generic" : {
            "type" : "cached",
            "keep_alive" : "30s"
        },
        "index" : {
            "type" : "fixed",
            "min" : 8,
            "max" : 8,
            "queue_size" : "200"
        },
        "get" : {
            "type" : "fixed",
            "min" : 8,
            "max" : 8,
            "queue_size" : "1k"
        },
        "snapshot" : {
            "type" : "scaling",
            "min" : 1,
            "max" : 4,
            "keep_alive" : "5m"
        },
        "merge" : {
            "type" : "scaling",
            "min" : 1,
            "max" : 4,
```

```
            "keep_alive" : "5m"
        },
        "suggest" : {
            "type" : "fixed",
            "min" : 8,
            "max" : 8,
            "queue_size" : "1k"
        },
        "bulk" : {
            "type" : "fixed",
            "min" : 8,
            "max" : 8,
            "queue_size" : "50"
        },
        "optimize" : {
            "type" : "fixed",
            "min" : 1,
            "max" : 1
        },
        "warmer" : {
            "type" : "scaling",
            "min" : 1,
            "max" : 4,
            "keep_alive" : "5m"
        },
        "flush" : {
            "type" : "scaling",
            "min" : 1,
            "max" : 4,
            "keep_alive" : "5m"
        },
        "search" : {
```

```
            "type" : "fixed",
            "min" : 24,
            "max" : 24,
            "queue_size" : "1k"
        },
        "percolate" : {
            "type" : "fixed",
            "min" : 8,
            "max" : 8,
            "queue_size" : "1k"
        },
        "management" : {
            "type" : "scaling",
            "min" : 1,
            "max" : 5,
            "keep_alive" : "5m"
        },
        "refresh" : {
            "type" : "scaling",
            "min" : 1,
            "max" : 4,
            "keep_alive" : "5m"
        }
    },
    "network" : {
      "refresh_interval" : 5000,
      "primary_interface" : {
          "address" : "192.168.0.117",
          "name" : "en0",
          "mac_address" : "28:CF:E9:14:C5:C9"
      }
    },
```

```
    "transport" : {
      "bound_address" : "inet[/0:0:0:0:0:0:0:0%0:9300]",
      "publish_address" : "inet[/192.168.0.117:9300]"
    },
    "http" : {
      "bound_address" : "inet[/0:0:0:0:0:0:0:0%0:9200]",
      "publish_address" : "inet[/192.168.0.117:9200]",
      "max_content_length_in_bytes" : 104857600
    },
    "plugins" : [ ]
  }
}
```

2.4 Elasticsearch Cluster 구성하기

이 절에서는 앞 절에서 구성한 데몬을 바탕으로 클러스터를 구성해 본다.

2.4.1 Prerequisite

단일 서버에 세 개의 노드를 하나의 클러스터로 구성한다. 같은 버전의 elasticsearch 폴더를 node1과 node2, node3으로 복사해서 준비한다.

[노드 생성]

```
$ cp -rf elasticsearch-1.0.0 node1
$ cp -rf elasticsearch-1.0.0 node2
$ cp -rf elasticsearch-1.0.0 node3
```

2.4.2 Configure

서버 1대에 elasticsearch instance를 세 개나 구성하므로 각 노드 설정 시 node. name과 포트 설정에 주의한다.

[node1에 대한 elasticsearch.yml 설정]

```
cluster.name: cluster_node

node.name: node1
node.master: true
node.data: true

index.number_of_shards: 5
index.number_of_replicas: 0
index.mapper.dynamic: true
index.refresh_interval: "1s"
action.auto_create_index: true
action.disable_shutdown: true

network.host: localhost
transport.tcp.port: 9300
transport.tcp.compress: true
http.port: 9200
http.enabled: true

gateway.type: local
discovery.zen.ping.multicast.enabled: false
discovery.zen.minimum_master_nodes: 2
discovery.zen.ping.unicast.hosts: ["localhost:9300","localhost:9301","localhost:9302"]
```

[node2에 대한 elasticsearch.yml 설정]

```
cluster.name: cluster_node

node.name: node2
```

```
node.master: true
node.data: true

index.number_of_shards: 5
index.number_of_replicas: 0
index.mapper.dynamic: true
index.refresh_interval: "1s"
action.auto_create_index: true
action.disable_shutdown: true

network.host: localhost
transport.tcp.port: 9301
transport.tcp.compress: true
http.port: 9201
http.enabled: true

gateway.type: local
discovery.zen.ping.multicast.enabled: false
discovery.zen.minimum_master_nodes: 2
discovery.zen.ping.unicast.hosts: ["localhost:9300","localhost:9301","localhost:9302"]
```

[node3에 대한 elasticsearch.yml 설정]

```
cluster.name: cluster_node

node.name: node3
node.master: true
node.data: true

index.number_of_shards: 5
index.number_of_replicas: 0
```

```
index.mapper.dynamic: true
index.refresh_interval: "1s"
action.auto_create_index: true
action.disable_shutdown: true

network.host: localhost
transport.tcp.port: 9302
transport.tcp.compress: true
http.port: 9202
http.enabled: true

gateway.type: local
discovery.zen.ping.multicast.enabled: false
discovery.zen.minimum_master_nodes: 2
discovery.zen.ping.unicast.hosts: ["localhost:9300","localhost:9301","localho
st:9302"]
```

2.4.3 실행 및 확인

node1부터 node3까지 차례대로 실행한다.

```
$ node1/bin/elasticsearch -Des.pidfile=es.pid > /dev/null 2>&1 &
$ node2/bin/elasticsearch -Des.pidfile=es.pid > /dev/null 2>&1 &
$ node3/bin/elasticsearch -Des.pidfile=es.pid > /dev/null 2>&1 &
```

모든 노드를 실행한 후 클러스터 구성이 정상적으로 되었는지 확인하기 위해 cluster health REST API 실행한다.

```
$ curl -XGET http://localhost:9200/_cluster/health?pretty=true
```

[실행 결과]

```
{
    "cluster_name" : "cluster_node",
    "status" : "green",
    "timed_out" : false,
    "number_of_nodes" : 3,
    "number_of_data_nodes" : 3,
    "active_primary_shards" : 0,
    "active_shards" : 0,
    "relocating_shards" : 0,
    "initializing_shards" : 0,
    "unassigned_shards" : 0
}
```

정상적으로 클러스터링 되었다면 작성한 설정과 동일하게 노드들이 등록되었는지 cluster nodes info REST API를 실행하여 확인한다. 기본 정보가 너무 많이 나오기 때문에 설정에 해당하는 settings 정보만 요청한다.

```
$ curl -XGET http://localhost:9200/_nodes?pretty=true #전체 정보를 가져온다.
$ curl -XGET http://localhost:9200/_nodes/settings?pretty=true #settings 정보만 가져온다.
```

다음은 정상적으로 클러스터링 된 노드 목록과 정보의 결과값이다.

[실행 결과]

```
{
    "cluster_name" : "cluster_node",
    "nodes" : {
```

```
"-Rr1fhFpTy2tYjQk9qWSQw" : {
    "name" : "node2",
    "transport_address" : "inet[/127.0.0.1:9301]",
    "host" : "jeong-ui-MacBook-Pro.local",
    "ip" : "192.168.0.117",
    "version" : "1.0.0",
    "build" : "a46900e",
    "http_address" : "inet[localhost/127.0.0.1:9201]",
    "attributes" : {
        "master" : "true"
    },
    "settings" : {
        "index" : {
            "mapper" : {
                "dynamic" : "true"
            },
            "number_of_replicas" : "0",
            "number_of_shards" : "5",
            "refresh_interval" : "1s"
        },
        "gateway" : {
            "type" : "local"
        },
        "pidfile" : "es.pid",
        "network" : {
            "host" : "localhost"
        },
        "node" : {
            "data" : "true",
            "master" : "true",
            "name" : "node2"
        },
```

```
      "http" : {
        "port" : "9201",
        "enabled" : "true"
      },
      "transport" : {
        "tcp" : {
          "compress" : "true",
          "port" : "9301"
        }
      },
      "name" : "node2",
      "action" : {
        "disable_shutdown" : "true",
        "auto_create_index" : "true"
      },
      "path" : {
        "logs" : "/Users/hwjeong/server/app/elasticsearch/node2/logs",
        "home" : "/Users/hwjeong/server/app/elasticsearch/node2"
      },
      "cluster" : {
        "name" : "cluster_node"
      },
      "discovery" : {
        "zen" : {
          "minimum_master_nodes" : "2",
          "ping" : {
            "unicast" : {
              "hosts" : [ "localhost:9300", "localhost:9301", "localhost:9302" ]
            },
            "multicast" : {
              "enabled" : "false"
            }
```

```
            }
          }
        },
        "foreground" : "yes"
      }
    },
    "CJF0dGOYRiq7izHmq2y0wg" : {
      "name" : "node3",
      "transport_address" : "inet[/127.0.0.1:9302]",
      "host" : "jeong-ui-MacBook-Pro.local",
      "ip" : "192.168.0.117",
      "version" : "1.0.0",
      "build" : "a46900e",
      "http_address" : "inet[localhost/127.0.0.1:9202]",
      "attributes" : {
        "master" : "true"
      },
      "settings" : {
        "index" : {
          "mapper" : {
            "dynamic" : "true"
          },
          "number_of_replicas" : "0",
          "number_of_shards" : "5",
          "refresh_interval" : "1s"
        },
        "gateway" : {
          "type" : "local"
        },
        "pidfile" : "es.pid",
        "network" : {
          "host" : "localhost"
```

```
        },
        "node" : {
            "data" : "true",
            "master" : "true",
            "name" : "node3"
        },
        "http" : {
            "port" : "9202",
            "enabled" : "true"
        },
        "transport" : {
            "tcp" : {
                "compress" : "true",
                "port" : "9302"
            }
        },
        "name" : "node3",
        "action" : {
            "disable_shutdown" : "true",
            "auto_create_index" : "true"
        },
        "path" : {
            "logs" : "/Users/hwjeong/server/app/elasticsearch/node3/logs",
            "home" : "/Users/hwjeong/server/app/elasticsearch/node3"
        },
        "cluster" : {
            "name" : "cluster_node"
        },
        "discovery" : {
            "zen" : {
                "minimum_master_nodes" : "2",
                "ping" : {
```

```
                "unicast" : {
                    "hosts" : [ "localhost:9300", "localhost:9301", "localhost:9302" ]
                },
                "multicast" : {
                    "enabled" : "false"
                }
            }
        }
    },
    "foreground" : "yes"
    }
},
"imJTqSzfS6CSb_Hx1AN0Dg" : {
    "name" : "node1",
    "transport_address" : "inet[localhost/127.0.0.1:9300]",
    "host" : "jeong-ui-MacBook-Pro.local",
    "ip" : "192.168.0.117",
    "version" : "1.0.0",
    "build" : "a46900e",
    "http_address" : "inet[localhost/127.0.0.1:9200]",
    "attributes" : {
        "master" : "true"
    },
    "settings" : {
        "index" : {
            "mapper" : {
                "dynamic" : "true"
            },
            "number_of_replicas" : "0",
            "number_of_shards" : "5",
            "refresh_interval" : "1s"
        },
```

```
    "gateway" : {
        "type" : "local"
    },
    "pidfile" : "es.pid",
    "network" : {
        "host" : "localhost"
    },
    "node" : {
        "data" : "true",
        "master" : "true",
        "name" : "node1"
    },
    "http" : {
        "port" : "9200",
        "enabled" : "true"
    },
    "transport" : {
        "tcp" : {
            "compress" : "true",
            "port" : "9300"
        }
    },
    "name" : "node1",
    "action" : {
        "disable_shutdown" : "true",
        "auto_create_index" : "true"
    },
    "path" : {
        "logs" : "/Users/hwjeong/server/app/elasticsearch/node1/logs",
        "home" : "/Users/hwjeong/server/app/elasticsearch/node1"
    },
    "cluster" : {
```

```
            "name" : "cluster_node"
        },
        "discovery" : {
            "zen" : {
                "minimum_master_nodes" : "2",
                "ping" : {
                    "unicast" : {
                        "hosts" : [ "localhost:9300", "localhost:9301", "localhost:9302" ]
                    },
                    "multicast" : {
                        "enabled" : "false"
                    }
                }
            }
        },
        "foreground" : "yes"
    }
  }
 }
}
```

2.5 Elasticsearch Node 구성의 이해

elasticsearch의 모든 노드는 노드 설정을 통해 각자의 역할을 부여받는다.

2.5.1 Master Node

마스터 노드는 클러스터 구성에서 전체 클러스터와 노드, 샤드 등에 대한 조정자 Coordinator 역할을 한다. 한 클러스터 내에서 마스터 노드는 최소 2개 이상으로 구성하는 것이 좋다. 마스터로 지정된 노드들은 처음 선출된 마스터 노드에 장애가 발생할 경우 자동으로 다음 마스터 노드를 선출하여 장애 대응이 가능하다.

```
node.master: true
```

2.5.2 Data Node

데이터 노드로 지정된 노드는 색인 데이터를 저장하고, 검색 요청 시 실행되며, 실제 모든 작업을 수행한다.

```
node.data: true
```

2.5.3 Search Loadbalancer Node

검색 요청에 대한 트래픽 분산 및 그 결과를 통합하여 리턴하는 역할을 한다.

```
node.master: false
node.data: false
```

2.5.4 Client Node

클라이언트 노드로 지정하면 node.master 설정이 default false로 처리되므로 마스터 노드로 사용하지 않을 경우 지정한다.

```
node.client: true
```

2.6 Elasticsearch Route 기능의 이해

2.6.1 Route 기능 활용

라우트는 특정 path를 갖는 데이터를 물리적으로 같은 공간에 분류하는 기능으로, 라우트를 설정하면 검색 성능을 향상할 수 있다. 예를 들어 route path 값으로 문서의 카테고리 정보를 이용하면, 같은 카테고리의 문서들은 같은 샤드로 지정하여 색인 및 검색할 수 있다.

■ No Routing

라우트를 설정하지 않으면 모든 샤드를 대상으로 색인과 검색을 수행한다. 따라서 검색 처리에 대한 성능은 라우트를 적용했을 때보다 좋지 않다.

[그림 2-1] No Routing

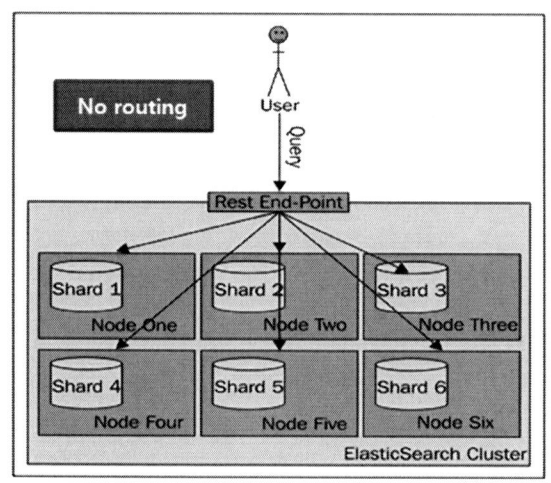

■ Routing

라우트를 설정하면 색인과 검색을 수행해야 하는 대상 샤드를 바로 지정하고 찾을 수 있다. 라우트를 설정하지 않았을 때보다 검색 처리 성능이 매우 좋다.

[그림 2-2] Routing

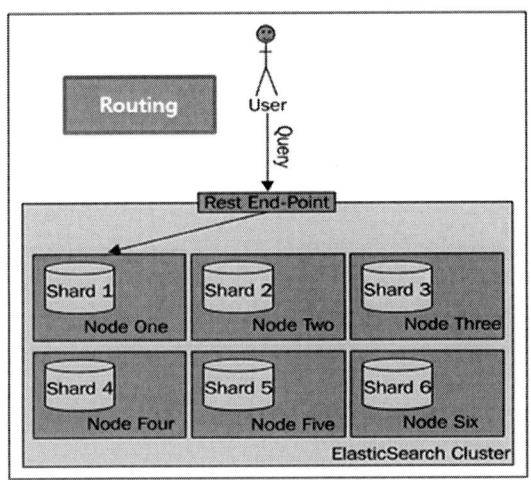

2.6.2 Route 기능

분산된 샤드에 지정한 카테고리 정보를 이용하여 카테고리별 도큐먼트를 지정된 샤드로 저장할 수 있으며, 카테고리 정보를 이용하여 지정한 샤드의 문서를 검색할 수 있도록 지원한다.

색인 필드 중 unique key에 해당하는 값을 routing path로 지정한다. 검색 시 지정한 path(카테고리)를 쿼리Query에 줘서 분산된 인덱스의 샤드를 모두 검색하지 않고 지정된 인덱스의 샤드만 검색한다.

- 라우팅 필드Routing Field는 스토어 옵션인 yes와 index not_analyzed로 설정되어야 한다.

```
"routing" : {
  "required" : true,
  "path" : "market.cat_first_id"
}
```

2.7 Elasticsearch REST API 알아보기

elasticsearch가 누구에게나 쉬운 접근성을 제공하는 이유 중 하나가 바로 REST API다. 그 때문에 다양한 개발 언어로 검색엔진을 서비스에 활용 중이며, 많은 종류의 클라이언트 플러그인Client Plugin과 라이브러리Library가 존재한다. 여기서는 cURL을 이용하여 elasticsearch REST API를 실행해 본다.

REST API는 GET과 PUT, POST, DELETE, HEAD 등의 메소드를 이용한다.

[표 2-6] Elasticsearch 기본 REST API

REST API	설명
http://localhost:9200/_cluster	클러스터와 관련된 작업 수행
http://localhost:9200/_nodes	노드와 관련된 작업 수행
http://localhost:9200/_aliases	index alias와 관련된 작업 수행
http://localhost:9200/_analyze	analyzer 관련 테스트 수행
http://localhost:9200/_cache	캐시Cache와 관련된 작업 수행
http://localhost:9200/_flush	트랜잭션 로그Transaction Log나 memory free 작업 수행
http://localhost:9200/_optimize	세그먼트Segment 파일에 대한 병합 작업 수행
http://localhost:9200/_stats	시스템 또는 색인에 대한 통계 정보
http://localhost:9200/_status	클러스터와 노드 등에 대한 상태 점검
http://localhost:9200/_validate	쿼리에 대한 유효성 점검
http://localhost:9200/_bulk	벌크Bulk 색인에 대한 작업 수행
http://localhost:9200/_count	문서 카운트 작업 수행
http://localhost:9200/_mget	멀티 데이터 패치 수행
http://localhost:9200/_search	검색 질의 수행
http://localhost:9200/_msearch	멀티 검색 질의 수행
http://localhost:9200/_suggest	검색어 자동완성 또는 추천 수행
http://localhost:9200/{index}/{type}/{id}	URI 기본 구조

[Index URI 예제]

```
/depth1/
    index 명(각 서비스 단위의 색인명 or vertical service 명)
    예)
        /blog
        /cafe
/depth1/depth2/
    index type 명
    예)
        /blog/comment
        /blog/post
        /cafe/comment
        /cafe/post
/depth1/depth2/depth3
    색인된 document unique key (_id)
```

2.7.1 인덱스 생성

인덱스 생성은 RDBMS에서 데이터베이스 생성에 해당하는 기능으로, 검색 서비스 개발 시 데이터를 저장하는 장소를 생성하는 과정이다. elasticsearch에서 인덱스를 생성하면 실제 저장될 위치와 메타 정보가 생성된다.

인덱스는 API를 이용하여 쉽게 생성할 수 있다. 다음은 인덱스를 생성하는 방법이다.

```
$ curl -XPUT 'http://localhost:9200/blog'
```

인덱스를 생성한 후에는 인덱스에 설정된 settings 정보를 확인한다. 다음은 생성된 인덱스의 settings 정보를 확인하는 방법이다.

```
$ curl -XGET 'http://localhost:9200/blog/_settings?pretty=true'
```

elasticsearch.yml에 설정한 global settings 정보로 설정된다.

[실행 결과]

```
{
    "blog" : {
        "settings" : {
            "index" : {
                "uuid" : "JEz6FhF2SViOx33qukqCDw",
                "number_of_replicas" : "0",
                "number_of_shards" : "5",
                "version" : {
                    "created" : "1000099"
                }
            }
        }
    }
}
```

2.7.2 Delete Index

인덱스 삭제 역시 REST API로 쉽게 할 수 있다. 삭제 명령을 실행하면 물리적으로 즉시 삭제되어서 복구할 수 없으므로 명령어 실행 시 주의를 기울여야 한다.

다음은 인덱스를 삭제하는 방법이다.

```
$ curl -XDELETE 'http://localhost:9200/blog'
```

2.7.3 Add Document

도큐먼트의 색인 역시 REST API를 이용해서 쉽게 진행할 수 있다. 등록할 때 데이터는 JSON 형식으로 작성하여 등록한다. 등록 시 각 필드에 대한 매핑 정보는 elasticsearch 내부에서 자동으로 구성하므로 고민하지 않아도 된다.

elasticsearch.yml에 index.mapper.dynamic: true가 기본으로 설정되어야 한다.

다음은 도큐먼트의 _id 값을 이용하여 등록하는 예제다.

```
$ curl -XPOST 'http://localhost:9200/blog/article/1' -d '
> {
> "article_id" : 1,
> "title" : "This is a title.",
> "content" : "This is a content."
> }
> '
```

색인 명령이 정상적으로 처리되면 다음과 같은 실행 결과를 볼 수 있다.

[실행 결과]

```
{"_index":"blog","_type":"article","_id":"1","_version":1,"created":true}
```

2.7.4 Get Document

검색하지 않고 도큐먼트의 _id 값을 이용하여 도큐먼트 정보를 쉽게 구할 수 있다. 다음은 _id를 이용해 도큐먼트 정보를 구하는 예제다.

```
$ curl -XGET 'http://localhost:9200/blog/article/1'
```

[실행 결과]

```
{"_index":"blog","_type":"article","_id":"1","_version":1,"found":true,"_source" :
  {
   "article_id" : 1,
   "title" : "This is a title.",
   "content" : "This is a content."
  }
}
```

2.7.5 Get Index와 Type Mappings

인덱스에 대한 매핑 정보를 구하는 API로 index.mapper.dynamic으로 생성된 매핑이 어떻게 구성되었는지 살펴보자.

다음은 dynamic 설정을 통해 구성된 매핑 정보를 구하는 예제다.

```
$ curl -XGET 'http://localhost:9200/blog/_mapping?pretty=true'
```

다음은 앞의 명령을 실행하여 얻은 결과값으로, 실제 article_id는 long으로 나머지는 string으로 매핑된 것을 확인할 수 있다.

[실행 결과]

```
{
    "blog" : {
      "mappings" : {
        "article" : {
          "properties" : {
            "article_id" : {
              "type" : "long"
```

```
                },
                "content" : {
                    "type" : "string"
                },
                "title" : {
                    "type" : "string"
                }
            }
        }
    }
}
```

2.8 Elasticsearch Index Settings 알아보기

settings는 인덱스 구성 및 운영에 대한 정책을 수립하는 것이다. 색인 시 사용할 analyzer에 대한 설정도 settings에서 정의한다.

2.8.1 number_of_shards

하나의 인덱스를 물리적으로 여러 개의 인덱스로 나누기 위한 설정으로, 분산 처리를 위해 인덱스의 단위를 정의하는 것이다. 즉, 여러 개로 나뉜 작은 인덱스 단위가 샤드이고, 이 샤드의 개수를 정의하는 것이다.

[예제]

```
"settings" : {
    "number_of_shards" : 5
}
```

2.8.2 number_of_replicas

이 설정은 클러스터 구성 환경에서 개별 샤드에 대한 복제 횟수를 정한다. 이 설정을 하면 장애 발생에 대한 대응이 가능하고 검색 성능을 향상할 수 있다.

[예제]

```
"settings" : {
    "number_of_replicas" : 1
}
```

2.8.3 index.refresh_interval

인덱스에 도큐먼트가 추가되거나 변경되었을 때 검색 결과에 언제 반영할지 주기를 정하는 설정이다. 이 설정을 통해 추가되거나 변경된 도큐먼트를 검색 결과에 즉시 표시할 수 있다.

[예제]

```
"settings" : {
    "index" : {
        "refresh_interval" : "1s"
    }
}
```

2.8.4 index.analysis

검색이나 색인 시 색인어 추출Term Extraction과 역 인덱스 파일Inverted Index File을 생성할 때 사용할 analyzer에 대한 설정이다. 내장 analyzer나 custom analyzer로 설정할 수 있다. analyzer는 하나의 tokenizer와 여러 개의 filter로 구성할 수 있다.

[예제]

```
"settings" : {
    "analysis" : {
        "analyzer" : {
            " analyzer_standard" : {
                "type" : "standard",
                "tokenizer" : "whitespace",
                "filter" : ["lowercase", "trim"]
            },
            " analyzer_custom" : {
                "type" : "custom",
                "tokenizer" : " tokenizer_custom",
                "filter" : ["lowercase", "trim"]
            }
        },
        "tokenizer" : {
            "tokenizer_custom" : {
                "type" : "pattern",
                "pattern" : ","
            }
        }
    }
}
```

2.8.5 index.store

인덱스 저장 옵션은 simplefs와 niofs, mmapfs, memory가 있다. Solaris와 Wndows 64bits에서는 mmapfs, windows 32bits에서는 simplefs, 나머지는 niofs를 사용하면 된다.[04]

---

04 압축 사용 시 빠르게 리턴할 수 있지만 리턴된 문서의 압축을 푸는 작업도 필요하다.

[예제]

```
"settings" : {
  "store" : {
    "type" : "mmapfs",
    "compress" : {
      "stored" : true,   #stored 필드에 대한 압축 설정
      "tv" : true        #term vector에 대한 압축 설정
    }
  }
}
```

2.9 Elasticsearch Index Mappings 알아보기

매핑 설정은 RDBMS에서 스키마schema 설계 시 table의 각 column 값을 정의하는 것과 유사하다. column의 데이터형을 무엇으로 할지, 인덱스는 어떤 column에 생성할지 등을 지정한다.

2.9.1 Core Type Attribute

core type은 검색엔진에서 사용하는 도큐먼트 필드의 데이터형을 의미한다.

[표 2-6] Core Type의 Attribute

Attribute	설명	Type
store	원본의 저장 여부에 대한 설정으로 yes와 no 값을 가진다. (default no)	string, number, date, boolean, ip
index	색인 및 검색 가능한 필드에 대한 설정으로, no, not_analyzed, analyzed 값을 가진다. (default analyzed)	string, number, date, boolean, ip
term_vector	색인어에 대한 메타 정보를 저장하는 것으로 yes, no, with_offsets, with_positions, with_positions_offsets 값을 가진다. (default no)	string
boost	도큐먼트의 적합성이나 중요도를 의미한다. (default 1.0)	string, number, date, boolean, ip
null_value	해당 필드의 값이 null일 경우 등록할 값을 정의한다.	string, number, date, boolean, ip
omit_norms	루씬Lucene의 norms calculation을 사용할지 설정한다. (default true[not_analyzed field], false[analyzed field])	string
index_options	색인 시 저장할 메타 정보를 설정하며, docs, freqs, positions, offsets 값을 가진다. (default positions[analyzed field], docs[not_analyzed field])	string
analyzer	global 설정으로 검색 및 색인 시 사용할 analyzer를 설정한다.	string
index_analyzer	색인 시 사용할 analyzer를 설정한다.	string
search_analyzer	검색 시 사용할 analyzer를 설정한다.	string
include_in_all	_all 필드에 검색 가능한 모든 필드 정보를 포함할지 설정한다. (default true)	string, number, date, boolean, ip
ignore_above	문자열 필드에서 정해진 size를 넘는 문자는 무시하도록 설정한다. (not_analyzed 필드에 유용하다.)	string
position_offset_gap	주로 phrase 검색 시 사용을 하며 전후 text 간 간격을 설정한다.	string
precision_step	최대 number term을 설정한다. (n = [(bitsPerValue/ precisionStep - 1) * (2^precisionStep - 1) * 2] + (2^precisionStep - 1))	number, date, ip
ignore_malformed	잘못된 number, date를 무시한다. (default false)	number, date
format	date format을 설정한다. (default dateOptionalTime)	date

2.9.2 _id

_(under bar)가 붙은 이름은 elasticsearch 내부 변수로 사용된다. _id는 도큐먼트의 primary key 값에 해당하는 필드를 설정하며, idsQuery나 REST ATI의 get 도큐먼트에서 사용된다.

_id 설정을 하지 않으면 기본적으로 hash code 값이 생성되어 자동으로 할당된다. 또는 다음 예제와 같이 특정 필드의 값을 _id 값으로 지정할 수 있다.

[예제]

```
"mappings" : {
    "market" : {
        "_id" : {
            "index" : "not_analyzed",
            "store" : "no",
            "path" : "product_id"
        }
    }
}
```

2.9.3 _source

색인된 문서에 대한 모든 필드 데이터를 저장한다. 검색 결과 리턴 시 필드 지정을 하지 않으면 기본값으로 읽어온다.

이 설정을 enable로 하면 색인 파일 용량이 증가한다. 하지만 스토어 옵션에 대한 정의와 사용에 따라 disable로 사용할 수도 있다. 즉, 사용 목적에 따라 설정을 최적화해야 한다. 예를 들어 분석이 목적이면 설정을 disable로 하고 분석이 아닌 검색 결과의 출력용이면 enable로 설정한다.

[disable 설정 예제]

```
"mappings" : {
  "market" : {
    "_source" : {
      "enabled" : "false"
    }
  }
}
```

2.9.4 _all

색인된 도큐먼트 하나 또는 그 이상의 필드 색인 정보를 포함하며, 검색 대상 필드 대용으로 사용할 수 있다. 검색 대상 필드가 명확하지 않고 대부분의 필드에 대한 검색을 해야 할 때 사용하면 편리하나 색인 파일 용량이 증가하는 문제가 있다.

서비스에 적용하기 위해서는 _all 설정은 disable로 하고, 별도로 통합 검색 필드를 정의하여 개별 필드에 인덱스 옵션을 생성하는 것을 추천한다.

[disable 설정 예제]

```
"mappings" : {
  "market" : {
    "_all" : {
      "enabled" : "false"
    }
  }
}
```

2.9.5 검색 필드 Search Field

검색 대상이 되는 필드로 인덱스 옵션은 not_analyzed 또는 analyzed를 가진다. 보통 string, number, date 등의 타입을 가지며 term 쿼리 또는 range 쿼리를 수행한다.

not_analyzed 설정은 해당 필드의 값이 하나의 token(term)으로 구성된다는 것을 의미하며 별도의 분석 작업을 수행하지 않는다. 반대로 analyzed 설정은 해당 필드의 값에서 term, offset, position 등의 정보를 추출하기 위한 분석 작업을 수행한다. 또한, norms calculation[05] 작업을 통한 similarity[06]도 수행한다.

[예제]

```
"mappings" : {
    "market" : {
        "properties" : {
            "product_id" : {"type" : "long", "store" : "no", "index" : "not_analyzed", "omit_norms" : true, "index_options" : "docs", "ignore_malformed" : true, "include_in_all" : false},
            "product_name" : {"type" : "string", "store" : "no", "index" : "analyzed", "omit_norms" : false, "index_options" : "offsets", "term_vector" : "with_positions_offsets", "include_in_all" : false}
        }
    }
}
```

2.9.6 패싯 필드 Facet Field

검색 결과에 대한 groupby 연산을 수행하며, 인덱스 옵션은 not_analyzed를 가

---

05 Term frequency와 Inverse document frequency 값을 구하기 위한 행위
06 분석을 통한 문서 랭킹 작업

진다. 이 기능은 RDBMS의 groupby와 유사하며, 가장 많이 사용되는 것은 terms 와 statistical, terms statistical facet 등이 있다.

terms facet은 지정한 필드 목록에 포함된 term들에 대한 groupby 연산을 수행하여 결과를 생성하고, statistical facet은 지정한 필드 목록에 포함된 수치에 대한 통계 결과를 생성한다. terms statistical facet은 nested field에서 key field 목록의 term에 대한 value field의 통계 결과를 생성하여 넘겨준다.

[예제]

```
"mappings" : {
    "market" : {
        "properties" : {
            "category_code1" : {"type" : "long", "store" : "no", "index" : "not_analyzed", "omit_norms" : true, "index_options" : "docs", "ignore_malformed" : true, "include_in_all" : false},
            "category_code2" : {"type" : "long", "store" : "no", "index" : "not_analyzed", "omit_norms" : true, "index_options" : "docs", "ignore_malformed" : true, "include_in_all" : false},
            "category_code3" : {"type" : "long", "store" : "no", "index" : "not_analyzed", "omit_norms" : true, "index_options" : "docs", "ignore_malformed" : true, "include_in_all" : false}
        }
    }
}
```

2.9.7 정렬 필드 Sort Field

검색 결과에 대한 정렬 연산을 수행하고, 인덱스 옵션은 not_analyzed를 가진다. 기본으로 _score 필드에 대한 내림차순 정렬을 수행하며, 단일 필드 정렬과 복합 정렬 기능도 지원한다.

[예제]

```
"mappings" : {
    "market" : {
        "properties" : {
            "product_price" : {"type" : "long", "store" : "no", "index" :
"not_analyzed", "omit_norms" : true, "index_options" : "docs",
"ignore_malformed" : true, "include_in_all" : false},
            "product_regdate" : {"type" : "integer", "store" : "no", "index" :
"not_analyzed", "omit_norms" : true, "index_options" : "docs",
"ignore_malformed" : true, "include_in_all" : false}
        }
    }
}
```

2.9.8 부스트 필드 Boost Field

검색 시 도큐먼트에 대한 적합도를 높여주기 위한 기능으로, 인덱스 옵션은 not_analyzed와 analyzed를 가진다.

boosting 기능은 검색 품질에 많은 영향을 미치는 요소다. 검색 결과의 품질을 좋게 할 수도 있고, 원하는 문서를 상위에 먼저 노출할 수도 있다. 이 기능을 사용하려면 품질 관련 학습 및 관리를 꾸준히 해야 한다.

[예제]

```
"mappings" : {
    "market" : {
        "properties" : {
            "product_name" : {"type" : "string", "store" : "no", "index" :
"analyzed", "omit_norms" : false, "index_options" : "offsets", "term_vector" :
"with_positions_offsets", "include_in_all" : false},
```

```
            "product_detail" : {"type" : "string", "store" : "yes", "index" :
"analyzed", "omit_norms" : false, "index_options" : "offsets", "term_vector" :
"with_positions_offsets", "include_in_all" : false},
            "product_regdate" : {"type" : "integer", "store" : "no", "index" :
"not_analyzed", "omit_norms" : true, "index_options" : "docs", "ignore_malformed"
: true, "include_in_all" : false},
            "category_code1" : {"type" : "long", "store" : "no", "index" :
"not_analyzed", "omit_norms" : true, "index_options" : "docs", "ignore_malformed"
: true, "include_in_all" : false}
        }
    }
}
```

2.9.9 강조 필드 Highlight Field

검색 결과에서 강조 표시를 하기 위한 연산을 수행한다. 반드시 스토어 옵션은 yes 로, term_vector는 with_positions_offsets로 설정해야 한다. 최소 옵션으로 store:yes인 필드에 대해서 강조 설정이 가능하다.

[예제]

```
"mappings" : {
    "market" : {
        "properties" : {
            "product_detail" : {"type" : "string", "store" : "yes", "index" :
"analyzed", "omit_norms" : false, "index_options" : "offsets", "term_vector" :
"with_positions_offsets", "include_in_all" : false}
        }
    }
}
```

3 | Elasticsearch 색인하기

이 장부터는 실제 활용 가능한 온라인 쇼핑몰 검색 서비스를 구축해 본다. 검색엔진 구성은 standalone으로 설정하고, 색인 기능 수행을 위한 인덱스 환경설정과 도큐먼트 스키마 설계를 진행해 보겠다.

일반적으로 검색에서 색인하는 과정은 잘 정제된 정형의 데이터를 비정형의 데이터로 변환하여 검색할 수 있는 역 인덱스 파일로 만드는 과정을 말한다. 보통 원본 데이터는 RDBMS와 같은 별도의 물리 장치에 저장되어 있기 때문에 색인이 실패하거나 색인 파일이 깨지더라도 쉽게 복구할 수 있다.

3.1 Index Settings 설정하기

3.1.1 Shard와 Replica 설계

샤드 크기는 데이터의 크기와 검색 트래픽을 고려하여 설계해야 한다. 보통 샤드 하나당 최소 크기는 1~10GB 정도로 구성하고 최대 50GB가 넘지 않도록 한다.

레플리카 설정은 클러스터 구성에서 매우 중요한 역할을 하는 부분으로 장애 복구 및 성능에도 영향을 준다. 다음은 노드 3개로 구성된 클러스터를 구성하는 예다.

■ Shard

샤드의 크기는 노드 크기보다 최소한 같거나 크도록 설정하는 것을 추천한다.

```
Shard Size >= Node Size
```

■ Replica

레플리카 설정은 장애 대응을 위해 최소한 1보다 크거나 같게 구성하는 것이 좋으며, 서비스 특징에 맞춰 설정하도록 한다. 디스크 용량이 충분할 경우 full replication으로 설정하면 검색 성능을 개선할 수 있다.

```
Full Replica = Node Size - 1
Minimum Replica = 1
```

3.1.2 Shard와 Replica 설정

싱글 노드로 진행하므로 다음과 같이 설정한다.

```
"settings" : {
  "number_of_shards" : 3,
  "number_of_replicas" : 0
}
```

3.1.3 Index Analyzer 설정하기

색인 시 문서에 대한 token 추출과 term 분석에 사용할 analyzer를 설정한다. 필드별 검색 특징을 잘 파악하여 설정한다. 여기서는 별도의 형태소 분석기를 사용하지 않고 루씬 내장 analyzer인 CJK analyzer를 사용한다.

다음은 custom과 ngram의 설정 방법이다.

```
"settings" : {
    "index" : {
        "analysis" : {
            "analyzer" : {
```

3장 Elasticsearch 색인하기   53

```
            "common_analyzer" : {
                "type" : "cjk",
                "filter" : ["lowercase", "trim"]
            },
            "patten_analyzer" : {
                "type" : "custom",
                "tokenizer" : " pattern _tokenizer ",
                "filter" : ["lowercase", "trim"]
            },
            "ngram_analyzer " : {
                "type" : "custom",
                "tokenizer" : "ngram_tokenizer ",
                "filter" : ["lowercase", "trim"]
            }
        },
        "tokenizer" : {
            "ngram_tokenizer " : {
                "type" : "nGram",
                "min_gram" : "2",
                "max_gram" : "10",
                "token_chars": [ "letter", "digit" ]
            },
            "pattern _tokenizer " : {
                "type" : "pattern",
                "pattern" : ","
            }
        }
    }
  }
}
```

> **NOTE_ Analyzer란?**
>
> 검색엔진에서 검색과 색인 시 입력된 질의어 또는 도큐먼트의 텍스트를 분석하여 형태소를 분석하고 term(색인어)을 추출하기 위한 도구를 말한다.

3.1.4 Index Store 설정하기

색인 파일 저장을 위한 파일시스템 구조를 설정한다.

[예제]

```
"settings" : {
    "store" : {
        "type" : "mmapfs",
        "compress" : {
            "stored" : true,
            "tv" : true
        }
    }
}
```

3.2 Index Schema Mappings 설정하기

이 과정은 RDBMS에서 데이터베이스 설계 시 ERD 설계와 DDL 작성 단계에 해당한다. 실제 데이터베이스에 저장된 문서를 검색엔진에 담기 위한 구성과 필드별 속성을 반영한 것으로 검색 기능 구현 시 매우 중요한 설계 과정이다.

3.2.1 스키마 설계 Schema Design

도큐먼트의 스키마 구성은 온라인 쇼핑몰 구축을 위한 최소 정보를 바탕으로 작성하고, 검색 스키마 설계 시 기본 구성으로 사용한다.

먼저 RDBMS 관점에서 살펴보자.

쇼핑몰의 기본은 상품과 상품에 대한 분류다. 이 두 개의 엔티티Entity를 가지고 검색과 정보 표현에 필요한 몇 가지 엔티티를 추가한다.

[표 3-1] 기본 엔티티

엔티티	설명
상품	상품에 대한 기본 정보를 구성한다.
카테고리	상품에 대한 그루핑과 분류 정보를 구성한다. 카테고리 아이디는 다음과 같이 하위 카테고리가 상위 카테고리 정보를 포함하고 있다. 대 카테고리: 1 중 카테고리: 1_1 소 카테고리: 1_1_1

[표 3-2] 추가 엔티티

엔티티	설명
브랜드	쇼핑몰 입점 브랜드에 대한 상품 분류를 추가한다.
판매자	상품 상세 정보 페이지 내 판매자 정보를 추가한다.
상품 리뷰	검색 결과에 대한 상품 정렬 조건으로 사용하기 위해 추가한다.

[그림 3-1] 엔티티 관계도(한글)

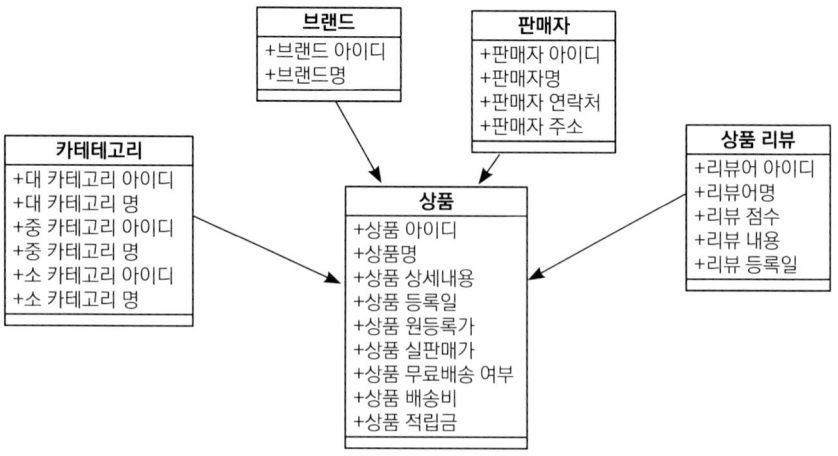

[그림 3-2] 엔티티 관계도(영문)

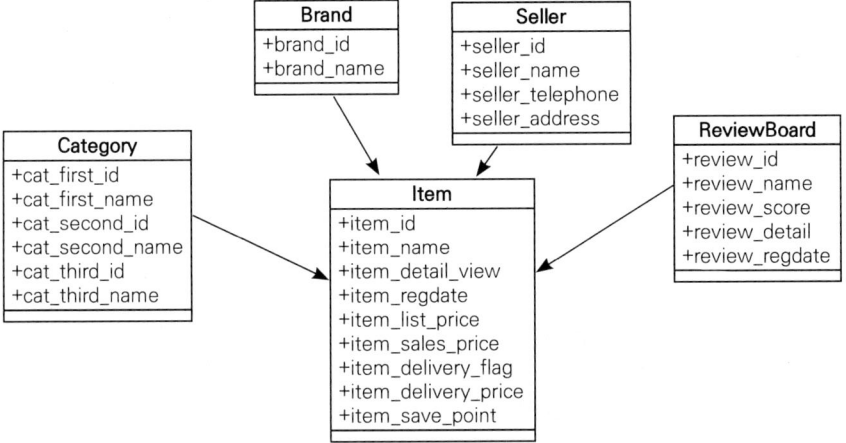

3.2.2 검색 필드 정의

검색 서비스에서 사용자의 질의어 검색이나 카테고리 검색 등 선택 조건에 해당하는 결과를 얻기 위한 대상 필드를 정의한다.

각 엔티티에서 정의하는 필드는 다음과 같다.

[표 3-3] 카테고리 필드

필드	필드명
cat_first_id	대 카테고리 아이디
cat_second_id	중 카테고리 아이디
cat_third_id	소 카테고리 아이디

[표 3-4] 브랜드 필드

필드	필드명
brand_id	브랜드 아이디

[표 3-5] 상품 필드

필드	필드명
item_id	상품 아이디
item_name	상품명
item_sales_price	상품 실판매가
item_delivery_flag	상품 무료배송 여부

[표 3-6] 판매자 필드

필드	필드명
seller_id	판매자 아이디

3.2.3 통합 검색 필드 Unified Search Field 정의

통합 검색 필드는 보통 쇼핑몰 메인 페이지에 접속했을 때 통합 검색 창에서 검색어 기반으로 검색을 수행하기 위한 필드를 정의한다.

이 통합 검색 필드는 텍스트 기반으로 검색 가능한 필드 데이터를 하나의 필드로 합쳐서 색인한다.

[표 3-7] 통합 검색 필드

필드	필드명
item_name	상품명
cat_first_name	대 카테고리 명
cat_second_name	중 카테고리 명
cat_third_name	소 카테고리 명
brand_name	브랜드명
seller_id(seller_name)	판매자 아이디(판매자명)

통합 검색 필드의 값은 space(공백)를 구분자로 하여 하나의 문자열로 생성한다. 다음은 각 필드에 정의된 값을 통합 검색 필드로 합친 예다.

[표 3-8] 개별 필드값 예

필드	필드값
item_name	LED TV
cat_first_name	전자제품
cat_second_name	TV
cat_third_name	LED
brand_name	삼정
seller_id	samjung

[표 3-9] 개별 필드값을 통합 검색 필드로 합친 예

필드	필드값
unified_search	LED TV 전자제품 TV LED 삼정

3.2.4 정렬 필드 정의

보통 쇼핑몰에서는 랭킹순이나 가격, 등록일, 판매, 평점, 후기에 대해서 오름차순과 내림차순의 정렬 조건을 제공한다. elasticsearch에서는 _score가 순위 관련 정렬이고, 나머지는 필드에 대한 추가 정렬 필드로 정의한다. 즉 기본 정렬은 _score를 이용해서 이루어지지만, 추가로 정렬이 필요한 부분에 대해서는 다음과 같이 정렬하려는 필드를 정의하여 사용한다.

[표 3-10] 정렬 필드

필드	필드명
item_sales_price	상품 실판매가
item_regdate	상품 등록일
item_sales_volume	상품 누적 판매수량
item_review_score	상품 누적 리뷰 점수
item_review_count	상품 누적 리뷰 수

- item_sales_volume, item_review_score, item_review_count는 상품에 대한 기본 속성이 아니므로 상품 속성에서는 정의하지 않고, 쇼핑 서비스 특성에 맞게 정렬 필드에 추가로 정의한다.

3.2.5 패싯 필드 정의

이 필드 정의는 쇼핑몰에서 검색 결과 화면에 카테고리나 브랜드에 속해 있는 검색 결과의 상품 수를 보여주기 위한 기능으로 그룹 카운팅과 최댓값, 최솟값 등의 정보를 추출하기 위한 필드로 구성한다.

[표 3-11] 패싯 필드

필드	필드명
cat_first_id	대 카테고리 아이디
cat_second_id	중 카테고리 아이디
cat_third_id	소 카테고리 아이디
brand_id	브랜드 아이디
item_sales_price	상품 실판매가

3.2.6 강조 필드 정의

강조 기능은 사용자가 질의한 검색어에 대한 결과에서 일치하는 검색어를 강조해서 보여주기 위한 기능이다. 하지만 대부분의 쇼핑몰에서는 강조 기능을 사용하지 않는다. 일부에서 히든 필드Hidden Field를 이용한 상품 검색을 적용하고 있어서 이것이 사용자에게 혼란을 줄 수 있기 때문이다. 하지만 검색의 기본 기능 중 하나이므로 여기서는 검색 결과를 화면에 표시하는 필드 중 강조 기능을 적용하기 위해 이 필드를 정의한다.

[표 3-12] 강조 필드

필드	필드명
item_name	상품명

3.2.7 검색엔진용 스키마 생성

검색 목적에 맞는 필드 정의가 끝나면 이를 바탕으로 쇼핑몰의 상품 검색을 위한 스키마를 구성한다. 스키마 생성 과정은 settings와 mappings 구성을 기본으로 한다.

settings는 샤드와 레플리카 설정 그리고 인덱스에 대한 analyzer와 store를 설정한다. mappings는 필드에 대한 타입과 색인을 설정한다. 인덱스명은 open_market으로 정의하고 도큐먼트 타입은 market으로 정의한다.[01]

[market.json]

```
{
    "settings" : {
        "number_of_shards" : 3,
        "number_of_replicas" : 0,
        "index" : {
            "analysis" : {
                "analyzer" : {
                    "common_analyzer" : {
                        "type" : "cjk",
                        "filter" : ["lowercase", "trim"]
                    },
                    "patten_analyzer" : {
                        "type" : "custom",
                        "tokenizer" : "pattern_tokenizer",
                        "filter" : ["lowercase", "trim"]
                    },
                    "ngram_analyzer" : {
                        "type" : "custom",
                        "tokenizer" : "ngram_tokenizer",
```

---

01 RDBMS라면 데이터베이스명은 open_market이 되고, table 명은 market이 된다.

```
                    "filter" : ["lowercase", "trim"]
                }
            },
            "tokenizer" : {
                "ngram_tokenizer" : {
                    "type" : "nGram",
                    "min_gram" : "2",
                    "max_gram" : "10",
                    "token_chars": [ "letter", "digit" ]
                },
                "pattern_tokenizer" : {
                    "type" : "pattern",
                    "pattern" : ","
                }
            }
        },
        "store" : {
            "type" : "mmapfs",
            "compress" : {
                "stored" : true,
                "tv" : true
            }
        }
    }
},
"mappings" : {
    "market" : {
        "_id" : {
            "index" : "not_analyzed",
            "path" : "item_id"
        },
        "_source" : {
```

```
            "enabled" : "true"
        },
        "_all" : {
            "enabled" : "false"
        },
        "analyzer" : "common_analyzer",
        "index_analyzer" : "common_analyzer",
        "search_analyzer" : "common_analyzer",
        "properties" : {
            "unified_search" : {"type" : "string", "store" : "no", "index" :
"analyzed", "omit_norms" : false, "index_options" : "offsets", "term_vector" :
"with_positions_offsets", "include_in_all" : false},
            "item_id" : {"type" : "long", "store" : "no", "index" : "not_analyzed",
"index_options" : "docs", "ignore_malformed" : true, "include_in_all" : false},
            "item_name" : {"type" : "string", "store" : "no", "index" : "analyzed",
"omit_norms" : false, "index_options" : "offsets", "term_vector" :
"with_positions_offsets", "include_in_all" : false},
            "item_regdate" : {"type" : "long", "store" : "no", "index" :
"not_analyzed", "index_options" : "docs", "ignore_malformed" : true,
"include_in_all" : false},
            "item_list_price" : {"type" : "long", "store" : "yes", "index" : "no",
"ignore_malformed" : true, "include_in_all" : false},
            "item_sales_price" : {"type" : "long", "store" : "no", "index" :
"not_analyzed", "index_options" : "docs", "ignore_malformed" : true,
"include_in_all" : false},
            "item_delivery_flag" : {"type" : "boolean", "store" : "yes",
"include_in_all" : false},
            "item_delivery_price" : {"type" : "long", "store" : "yes", "index" :
"no", "ignore_malformed" : true, "include_in_all" : false},
            "item_save_point" : {"type" : "long", "store" : "yes", "index" : "no",
"ignore_malformed" : true, "include_in_all" : false},
            "cat_first_id" : {"type" : "string", "store" : "no", "index" :
```

```
"not_analyzed", "omit_norms" : true, "index_options" : "docs", "include_in_all" : false},
            "cat_first_name" : {"type" : "string", "store" : "yes", "index" : "no", "include_in_all" : false},
            "cat_second_id" : {"type" : "string", "store" : "no", "index" : "not_analyzed", "omit_norms" : true, "index_options" : "docs", "include_in_all" : false},
            "cat_second_name" : {"type" : "string", "store" : "yes", "index" : "no", "include_in_all" : false},
            "cat_third_id" : {"type" : "string", "store" : "no", "index" : "not_analyzed", "omit_norms" : true, "index_options" : "docs", "include_in_all" : false},
            "cat_third_name" : {"type" : "string", "store" : "yes", "index" : "no", "include_in_all" : false},
            "brand_id" : {"type" : "long", "store" : "no", "index" : "not_analyzed", "index_options" : "docs", "ignore_malformed" : true, "include_in_all" : false},
            "brand_name" : {"type" : "string", "store" : "yes", "index" : "no", "include_in_all" : false},
            "seller_id" : {"type" : "string", "store" : "yes", "index" : "no", "include_in_all" : false},
            "seller_name" : {"type" : "string", "store" : "yes", "index" : "no", "include_in_all" : false},
            "item_sales_volume" : {"type" : "long", "store" : "no", "index" : "not_analyzed", "index_options" : "docs", "ignore_malformed" : true, "include_in_all" : false},
            "item_review_score" : {"type" : "long", "store" : "no", "index" : "not_analyzed", "index_options" : "docs", "ignore_malformed" : true, "include_in_all" : false},
            "item_review_count" : {"type" : "long", "store" : "no", "index" : "not_analyzed", "index_options" : "docs", "ignore_malformed" : true, "include_in_all" : false}
        }
      }
   }
}
```

3.3 Index 생성하기

settings와 mappings 구성을 완료하면, 다음으로 검색엔진 인덱스를 생성한다. 인덱스 생성은 REST API와 Java API의 두 가지 방법으로 실행한다. REST API는 HTTP 통신을 이용하므로 접근이 쉽고 모든 언어로 개발할 수 있지만, Java API에서 제공하는 모든 기능을 사용할 수 없다는 단점이 있다. 그러므로 이 두 가지 API를 이용해서 기능을 확실히 익히는 것이 중요하다.

3.3.1 REST API

cURL로 작성한 market.json 파일을 가지고, PUT 메소드를 사용하여 생성한다.

[예제]

```
$ curl -XPUT 'http://localhost:9200/open_market?pretty=true' -d @market.json
```

- pretty 파라미터는 실행 결과의 화면 처리를 위한 설정 값이다.
- market.json 파일이 위치한 곳에서 실행한다.

[실행 결과]

```
{
    "acknowledged" : true
}
```

3.3.2 Java API

다음 코드는 JUnit를 기반으로 작성하여 테스트하였고, testCreateIndex() 메소드를 제외한 나머지 메소드는 공통으로 사용하므로 다음 코드에는 포함되었으나 이후 코드에서는 작성하지 않는다.

[예제]

```java
package org.gruter.elasticsearch.test;

import java.io.BufferedReader;
import java.io.FileReader;

import org.elasticsearch.action.admin.indices.create.CreateIndexResponse;
import org.elasticsearch.client.Client;
import org.elasticsearch.client.transport.TransportClient;
import org.elasticsearch.common.settings.ImmutableSettings;
import org.elasticsearch.common.settings.Settings;
import org.elasticsearch.common.transport.InetSocketTransportAddress;
import org.junit.Test;
import org.slf4j.Logger;
import org.slf4j.LoggerFactory;

public class CreateIndexTest {
    private static final Logger log = LoggerFactory.getLogger(CreateIndexTest.class);

    @Test
    public void testCreateIndex() throws Exception {
        Settings settings;
        Client client;
        String setting = "";
        String mapping = "";

        settings = ImmutableSettings
            .settingsBuilder()
            .build();

        client = buildClient(settings);
```

```
# market.json에서 settings와 mappings 영역만 따로 분리한 것으로, 실제 파일 위치
경로만 맞춰주면 된다.
    setting = readTextFile("/Users/hwjeong/Documents/workspace/eclipse-j2ee/
proto-elasticsearch-test/schema/market_settings.json");
    mapping = readTextFile("/Users/hwjeong/Documents/workspace/eclipse-j2ee/
proto-elasticsearch-test/schema/market_mappings.json");

        CreateIndexResponse createIndexResponse = client.admin().indices()
            .prepareCreate("open_market")
            .setSettings(setting)
            .addMapping("market", mapping)
            .execute()
            .actionGet();

        client.close();

        log.debug("{}", createIndexResponse.isAcknowledged());
    }

    /**
     * file reader
     *
     * @param file       input file path
     * @return
     * @throws Exception
     */
    protected String readTextFile(String file) throws Exception {
        String ret = "";
        BufferedReader br = new BufferedReader(new FileReader(file));

        try {
            StringBuilder sb = new StringBuilder();
```

```java
        String line = br.readLine();

        while (line != null) {
            sb.append(line);
            line = br.readLine();
        }

        ret = sb.toString();
    } finally {
        br.close();
    }

    return ret;
}

/**
 * elasticsearch client TransportAddress 등록.<br>
 *     cluster.node.list<br>
 *
 * @param settings      client settings 정보.
 * @throws Exception
 */
protected Client buildClient(Settings settings) throws Exception {
    TransportClient client = new TransportClient(settings);
    String nodes = "localhost:9300"; #검색엔진 노드 IP:포트 정보 작성
    String[] nodeList = nodes.split(",");
    int nodeSize = nodeList.length;

    for (int i = 0; i < nodeSize; i++) {
        client.addTransportAddress(toAddress(nodeList[i]));
    }

    return client;
```

```java
    }

    /**
     * InetSocketTransportAddress 등록.<br>
     *
     * @param address      node들의 ip:port 정보.
     * @return InetSocketTransportAddress
     * @throws Exception
     */
    private InetSocketTransportAddress toAddress(String address) {
        if (address == null) return null;

        String[] splitted = address.split(":");
        int port = 9300;

        if (splitted.length > 1) {
            port = Integer.parseInt(splitted[1]);
        }

        return new InetSocketTransportAddress(splitted[0], port);
    }
}
```

3.4 색인하기

샘플 데이터를 이용하여 생성한 인덱스에 색인 작업을 수행한다. 색인 작업은 두 가지 방법으로 가능하다. 하나는 도큐먼트를 하나씩 등록하고 커미트Commit하는 document add 방식이고, 다른 하나는 도큐먼트를 벌크로 등록하고 커미트하는 방식이다.

일반적으로 데이터베이스에 저장된 데이터를 읽어와서 색인용 원본 데이터를 생성하지만, 초기 데이터 구축 시간이 오래 걸리므로 샘플 데이터를 가지고 색인 작업을 수행해 보겠다.

3.4.1 색인 데이터 샘플

샘플 데이터는 일반 쇼핑몰에 있는 데이터 형식을 기준으로 만들었다. 총 18개의 상품으로 구성하였으며, REST API를 이용한 벌크 인덱싱Bulk Indexing 구조의 데이터 형식으로 작성되었다.

[REST API용 데이터 format]

```
{ "index" : { "_index" : "INDEX 명", "_type" : "DOCUMENT_TYPE 명", "_id" : "MAPPINGS에서_정의한_id_path" }
{"field 명":"value", ……, 색인 문서 데이터 ……, "field 명":"value"}
```

- 하나의 도큐먼트는 { "index" … }으로 시작하는 행과 {"field 명" … }으로 시작하는 행이 한 쌍으로 구성된다.

[Java API용 데이터 format]

```
{"field 명":"value", ….. 색인 문서 데이터 …., "field 명":"value"}
```

[샘플 데이터 market.data.json]

```
{ "index" : { "_index" : "open_market", "_type" : "market", "_id" : "1" }
{"unified_search":"[삼정전자온라인공식인증점]삼정 32인치LEDTV[UN32EH6030F]
[스탠드]전국택배무료배송/벽걸이TV/LED TV/LED/보급형/HDMI/3DTV LED TV 삼정전자
삼정 samjung","item_id" : 1,"item_name" : "[삼정전자온라인공식인증점]삼정 32인치
LEDTV[UN32EH6030F][스탠드]전국택배무료배송/벽걸이TV/LED TV/LED/보급형/HDMI/
3DTV","item_regdate" : 20140101,"item_list_price" : 555000,"item_sales_price" :
488900,"item_delivery_flag" : true,"item_delivery_price" : 0,"item_save_point" :
```

```
250,"cat_first_id" : "1","cat_first_name" : "TV","cat_second_id" : "1_1",
"cat_second_name" : "LED TV","cat_third_id" : "1_1_1","cat_third_name" :
"삼정전자","brand_id" : 1,"brand_name" : "삼정","seller_id" : "samjung",
"seller_name" : "(주) 삼정전자","item_sales_volume" : 60,
"item_review_score" : 99,"item_review_count" : 160}
{ "index" : { "_index" : "open_market", "_type" : "market", "_id" : "2" }
{"unified_search":"[삼정전자온라인공식인증점]삼정 50인치 LED TV UN50F6450AF
스탠드/벽걸이/스마트TV/3D/티비/삼정물류직배송/폐가전수거 LED TV 삼정전자 삼정
samjung","item_id" : 2,"item_name" : "[삼정전자온라인공식인증점]삼정 50인치 LED
TV UN50F6450AF 스탠드/벽걸이/스마트TV/3D/티비/삼정물류직배송/폐가전수거",
"item_regdate" : 20140102,"item_list_price" : 1711000,"item_sales_price" :
1561970,"item_delivery_flag" : true,"item_delivery_price" : 0,"item_save_point" :
1250,"cat_first_id" : "1","cat_first_name" : "TV","cat_second_id" : "1_1",
"cat_second_name" : "LED TV","cat_third_id" : "1_1_1","cat_third_name" :
"삼정전자","brand_id" : 1,"brand_name" : "삼정","seller_id" : "samjung",
"seller_name" : "(주) 삼정전자","item_sales_volume" : 26,
"item_review_score" : 100,"item_review_count" : 72}
{ "index" : { "_index" : "open_market", "_type" : "market", "_id" : "3" }
{"unified_search":"50LN5400 , 125CM , LED, Full HD, HDMI, USB2.0(사진/음악/
동영상), PC연결, RG물류직배송설치 , 폐가전무료회수 LED TV RG전자 RG rg","item_id"
: 3,"item_name" : "50LN5400 , 125CM , LED, Full HD, HDMI, USB2.0(사진/음악/
동영상), PC연결, RG물류직배송설치 , 폐가전무료회수","item_regdate" : 20140101,
"item_list_price" : 1367000,"item_sales_price" : 1350000,"item_delivery_flag" :
true,"item_delivery_price" : 0,"item_save_point" : 1450,"cat_first_id" :
"1","cat_first_name" : "TV","cat_second_id" : "1_1","cat_second_name" : "LED
TV","cat_third_id" : "1_1_2","cat_third_name" : "RG전자","brand_id" : 2,
"brand_name" : "RG","seller_id" : "rg","seller_name" : "(주) RG전자",
"item_sales_volume" : 55,"item_review_score" : 100,"item_review_count" : 41}
{ "index" : { "_index" : "open_market", "_type" : "market", "_id" : "4" }
이후 생략
```

[샘플 데이터 market.row.json]

{"unified_search":"[삼성전자온라인공식인증점]삼정 32인치LEDTV[UN32EH6030F]
[스탠드]전국택배무료배송/벽걸이TV/LED TV/LED/보급형/HDMI/3DTV LED TV 삼성전자
삼정 samjung","item_id" : 1,"item_name" : "[삼성전자온라인공식인증점]삼정 32인치L
EDTV[UN32EH6030F][스탠드]전국택배무료배송/벽걸이TV/LED TV/LED/보급형/HDMI/3DTV",
"item_regdate" : 20140101,"item_list_price" : 555000,"item_sales_price" : 488900,
"item_delivery_flag" : true,"item_delivery_price" : 0,"item_save_point" : 250,
"cat_first_id" : "1","cat_first_name" : "TV","cat_second_id" : "1_1",
"cat_second_name" : "LED TV","cat_third_id" : "1_1_1","cat_third_name" :
"삼성전자","brand_id" : 1,"brand_name" : "삼정","seller_id" :
"samjung","seller_name" : "(주) 삼정전자","item_sales_volume" :
60,"item_review_score" : 99,"item_review_count" : 160}
{"unified_search":"[삼성전자온라인공식인증점]삼정 50인치 LED TV UN50F6450AF
스탠드/벽걸이/스마트TV/3D/티비/삼정물류직배송/폐가전수거 LED TV 삼성전자 삼정
samjung","item_id" : 2,"item_name" : "[삼성전자온라인공식인증점]삼정 50인치 LED
TV UN50F6450AF 스탠드/벽걸이/스마트TV/3D/티비/삼정물류직배송/폐가전수거 ",
"item_regdate" : 20140102,"item_list_price" : 1711000,"item_sales_price" :
1561970,"item_delivery_flag" : true,"item_delivery_price" : 0,"item_save_point" :
1250,"cat_first_id" : "1","cat_first_name" : "TV","cat_second_id" : "1_1",
"cat_second_name" : "LED TV","cat_third_id" : "1_1_1","cat_third_name" :
"삼성전자","brand_id" : 1,"brand_name" : "삼정","seller_id" : "samjung",
"seller_name" : "(주) 삼정전자","item_sales_volume" : 26,"item_review_score" :
100,"item_review_count" : 72}
{"unified_search":"50LN5400 , 125CM , LED, Full HD, HDMI, USB2.0(사진/음악/
동영상), PC연결, RG물류직배송설치 , 폐가전무료회수 LED TV RG전자 RG rg","item_id"
: 3,"item_name" : "50LN5400 , 125CM , LED, Full HD, HDMI, USB2.0(사진/음악/
동영상), PC연결, RG물류직배송설치 , 폐가전무료회수","item_regdate" : 20140101,
"item_list_price" : 1367000,"item_sales_price" : 1350000,"item_delivery_flag" :
true,"item_delivery_price" : 0,"item_save_point" : 1450,"cat_first_id" : "1",
"cat_first_name" : "TV","cat_second_id" : "1_1","cat_second_name" : "LED TV",
"cat_third_id" : "1_1_2","cat_third_name" : "RG전자","brand_id" : 2,"brand_name" :

"RG","seller_id" : "rg","seller_name" : "(주) RG전자","item_sales_volume" : 55,
"item_review_score" : 100,"item_review_count" : 41}
이후 생략

3.4.2 Add Indexing

이 방식은 도큐먼트 단위로 색인 작업을 수행하므로 실시간으로 도큐먼트에 대한 색인 반영이 필요할 때 유용하다.

- 실시간으로 반영하기 위해서는 index.refresh_interval이 1초로 설정되어야 한다.

[REST API 예제]

```
$ curl -XPUT 'http://localhost:9200/open_market/market/1'-d'
{"unified_search":"[삼정전자온라인공식인증점]삼정 32인치LEDTV[UN32EH6030F]
[스탠드]전국택배무료배송/벽걸이TV/LED TV/LED/보급형/HDMI/3DTV LED TV 삼정전자
삼정 samjung","item_id" : 1,"item_name" : "[삼정전자온라인공식인증점]삼정 32인치
LEDTV[UN32EH6030F][스탠드]전국택배무료배송/벽걸이TV/LED TV/LED/보급형/HDMI/3DTV",
"item_regdate" : 20140101,"item_list_price" : 555000,"item_sales_price" : 488900,
"item_delivery_flag" : true,"item_delivery_price" : 0,"item_save_point" : 250,
"cat_first_id" : "1","cat_first_name" : "TV","cat_second_id" :"1_1",
"cat_second_name" : "LED TV","cat_third_id" : "1_1_1","cat_third_name" :
"삼정전자","brand_id" : 1,"brand_name" : "삼정","seller_id" :
"samjung","seller_name" : "(주) 삼정전자","item_sales_volume" :
60,"item_review_score" : 99,"item_review_count" : 160}
```

[실행 결과]

```
{"_index":"open_market","_type":"market","_id":"1","_version":1,"created":true}
```

[Java API 예제]

```
@Test
    public void addIndexing() throws Exception {
        Settings settings;
        Client client;
        String setting = "";
        String mapping = "";

        settings = ImmutableSettings
                .settingsBuilder()
                .build();
        client = buildClient(settings);
        IndexRequestBuilder requestBuilder;
        IndexResponse response;

        requestBuilder = client.prepareIndex("open_market", "market");

        BufferedReader br = new BufferedReader(new FileReader("/Users/hwjeong/
Documents/workspace/eclipse-j2ee/proto-elasticsearch-test/schema/
market.row.json"));
        int id = 1;

        try {
           String line = "";

           while ((line = br.readLine()) != null) {
              response = requestBuilder.setId(String.valueOf(id))
                   .setSource(line)
                   .execute()
                   .actionGet();
              log.debug(response.getId());
```

```
            id++;
        }
    } finally {
        br.close();
    }
    client.close();
}
```

3.4.3 Bulk Indexing

데이터에 대한 신규 또는 전체 재색인이 필요할 때 사용하는 방식으로 대량의 데이터를 색인할 때 사용하고, 일괄 처리batch식 색인 작업에 유용하다.

elasticsearch 특성상 작업 단위의 도큐먼트 그룹을 나눠 여러 번 벌크 색인을 요청하는 것이 유리하다.

[REST API 예제]

```
curl -s -XPOST 'http://localhost:9200/open_market/_bulk' --data-binary
@market.data.json
```

[Java API 예제]

```
@Test
    public void bulkIndexing() throws Exception {
        Settings settings;
        Client client;
        String setting = "";
        String mapping = "";
        BulkRequestBuilder bulkRequest;
        BulkResponse bulkResponse;
```

```
settings = ImmutableSettings
        .settingsBuilder()
        .build();

client = buildClient(settings);

BufferedReader br = new BufferedReader(new FileReader("/Users/hwjeong/
Documents/workspace/eclipse-j2ee/proto-elasticsearch-test/schema/
market.row.json"));
    int id = 1;

buildBeforeConfigApply(client, "open_market");

try {
    String doc = "";
    bulkRequest = client.prepareBulk();

    while ((doc = br.readLine()) != null) {
        bulkRequest.add (
            client
                .prepareIndex("open_market", "market")
                .setOperationThreaded(false)
                .setSource(doc)
                .setReplicationType(ReplicationType.ASYNC)
                .setConsistencyLevel(WriteConsistencyLevel.QUORUM)
                .setRefresh(false)
        );

        if ( (id%5) == 0 ) {
            bulkResponse = bulkRequest.execute().actionGet();
            log.debug("{}", bulkResponse.getTookInMillis());
            bulkRequest = client.prepareBulk();
```

```
            }
            id++;
        }
        bulkResponse = bulkRequest.execute().actionGet();
        log.debug("{}", bulkResponse.getTookInMillis());
    } finally {
        br.close();
    }

    buildAfterConfigApply(client, "open_market");
    buildOptimizeApply(client, "open_market");

    client.close();
}

public void buildOptimizeApply(Client client, String indice) {
    OptimizeResponse response = client.admin().indices()
        .optimize(
            new OptimizeRequest()
                .indices(indice)
                .flush(true)
                .onlyExpungeDeletes(false)
                .waitForMerge(true)
                .operationThreading(BroadcastOperationThreading.THREAD_PER_SHARD)
                .maxNumSegments(1))
        .actionGet();
}

public void buildBeforeConfigApply(Client client, String indice) {
    String bulkIndexSettings = "{\"index\" : {\"number_of_replicas\" : 0, \"refresh_interval\" : \"-1\", \"merge\" : { \"policy\" : { \"max_merge_at_once\" : 10, \"segments_per_tier\" : 30 } }} }";
```

```
client.admin().indices().prepareUpdateSettings(indice).setSettings(bulkIndexS
ettings).execute().actionGet();
}

    public void buildAfterConfigApply(Client client, String indice) {
        String bulkIndexSettings = "{\"index\" : {\"number_of_replicas\" : 0,
\"refresh_interval\" : \"1s\", \"merge\" : { \"policy\" : {
\"max_merge_at_once\" : 5, \"segments_per_tier\" : 15 } }} }";

client.admin().indices().prepareUpdateSettings(indice).setSettings(bulkIndexS
ettings).execute().actionGet();
}
```

- 벌크 색인 시 성능 확보를 위해 색인 전 설정과 색인 후 설정에 유의한다.
- 색인 전 레플리카 설정은 0으로 refresh_interval 설정은 -1로 수정한다.
- 색인 후 설정은 초기 설정으로 되돌린다.

4 | Elasticsearch 검색하기

검색에서 가장 대표적으로 사용하는 쿼리는 term과 range 쿼리다. 복잡한 요구사항에 따라 다양한 쿼리 API와 함수가 사용되기 때문에 기초가 되는 쿼리 함수에 대해 제대로 이해하고 넘어갈 수 있도록 한다.

4.1 검색 결과 속성

검색을 실행하기 전에 검색 결과에 대한 리턴 필드는 어떤 것들이 있고, 의미는 무엇인지 살펴보자.

다음은 임의 검색 결과에 대한 리턴 예제로 모든 검색 결과에 포함된 속성을 보여준다.

[예제]

```
{
    "took": 1,
    "timed_out": false,
    "_shards": {
        "total": 3,
        "successful": 3,
        "failed": 0
    },
    "hits": {
        "total": 18,
        "max_score": 0.98199695,
        "hits": [
            {
                "_index": "open_market",
```

```
"_type": "market",
"_id": "16",
"_score": 0.98199695,
"_source": {
```
······중략······

[표 4-1] 검색 결과 속성

속성	설명
took	검색 질의응답 시간(milliseconds)
timed_out	boolean 값으로 검색엔진 내부에서 질의 실행에 대한 timeout 여부
_shards	검색을 수행한 샤드
total	검색을 수행한 총 샤드 수
successful	검색 수행을 성공한 샤드 수
failed	검색 수행을 실패한 샤드 수
hits	검색 매칭 결과 루트
total	검색 매칭된 도큐먼트 총수
max_score	매칭된 도큐먼트 중 가장 높은 점수
hits	매칭된 도큐먼트 결과
_index	매칭된 인덱스 명
_type	매칭된 도큐먼트 타입
_id	매칭된 도큐먼트 아이디
_score	매칭된 도큐먼트의 점수
_source	출력 필드를 지정하지 않았을 경우 리턴(모든 필드 목록 포함)
fields	출력 필드 목록 포함(fields 사용 시 _source는 출력되지 않음)
highlight	강조 필드 목록 포함

4.2 기본 검색하기

4.2.1 Term Query

검색에서 가장 대표적인 쿼리로 앞으로도 가장 많이 접하거나 사용하게 될 것이다. term 쿼리는 검색 대상 필드에 질의를 위해 입력한 질의 텍스트를 분석하여 추출된 검색 term이 포함된 문서를 검색한다.

- term은 형태소 분석을 통해 추출된 색인어로, 검색 시 입력한 질의어와는 다르다.
- lowercase filter를 적용했기 때문에 질의어로 사용하는 텍스트는 소문자여야 하고, 대문자로 입력하면 검색되지 않는다.

다음은 REST API를 이용하여 term 쿼리를 작성한 예제다. 통합 검색 필드로 정의한 unified_search에서 'tv'라는 term이 포함된 문서를 검색하는 질의다.

여기서 'tv'는 analyzer에 의해 추출된 term이며, 사용자가 입력한 질의어가 아니라는 점을 주의해야 한다. 만약 사용자가 직접 입력한 질의어를 이용하고 싶으면 match 쿼리를 사용한다.

[예제]

```
curl -XGET "http://localhost:9200/open_market/_search" -d'
{
  "query": {
    "term": {
      "unified_search": "tv"
    }
  }
}'
```

다음은 Java API를 이용하여 term 쿼리를 작성한 예제로, elasticsearch API는 TermQueryBuilder를 사용한다. 여기서 사용된 executeQuery() 메소드는 이후 사용할 Java API와 공통 메소드이므로 한 번만 작성한다.

[예제]

```
public void termQuery() throws Exception {
```

```java
    TermQueryBuilder termQueryBuilder = new TermQueryBuilder("unified_search", "tv");
    String result = executeQuery(termQueryBuilder);

    log.debug(result);
}
/**
 * 검색 질의를 위한 공용 함수.
 *
 * @param queryBuilder
 * @return
 * @throws Exception
 */
protected String executeQuery(QueryBuilder queryBuilder) throws Exception {
    Settings settings;
    Client client;

    settings = ImmutableSettings
        .settingsBuilder()
        .build();

    client = buildClient(settings);

    SearchResponse searchResponse;

    searchResponse = client.prepareSearch("open_market")
        .setQuery(queryBuilder)
        .execute()
        .actionGet();
    client.close();
    return searchResponse.toString();
}
```

[실행 결과]

```
{
    "took": 38,
    "timed_out": false,
    "_shards": {
        "total": 3,
        "successful": 3,
        "failed": 0
    },
    "hits": {
        "total": 9,
        "max_score": 0.38036513,
        "hits": [
            {
                "_index": "open_market",
                "_type": "market",
                "_id": "9",
                "_score": 0.38036513,
                "_source": {
                    "unified_search": "수카이미디어 [국산패널][국내생산]SE-55DAF11/55인치 TV/풀HD LED TV/광시야각/USB 동영상/스탠드 기본/벽걸이 지원 3D TV 기타 수카이미디어 sukymedia",
                    "item_id": 9,
                    "item_name": "수카이미디어 [국산패널][국내생산]SE-55DAF11/55인치 TV/풀HD LED TV/광시야각/USB 동영상/스탠드 기본/벽걸이 지원 ",
                    "item_regdate": 20140102,
                    "item_list_price": 946310,
                    "item_sales_price": 899000,
                    "item_delivery_flag": true,
                    "item_delivery_price": 0,
                    "item_save_point": 1099,
```

```
                "cat_first_id": "1",
                "cat_first_name": "TV",
                "cat_second_id": "1_2",
                "cat_second_name": "3D TV",
                "cat_third_id": "1_2_3",
                "cat_third_name": "기타",
                "brand_id": 4,
                "brand_name": "수카이미디어",
                "seller_id": "sukymedia",
                "seller_name": "수카이미디어",
                "item_sales_volume": 0,
                "item_review_score": 0,
                "item_review_count": 0
            }
        },
 ······중략······
        }
    ]
  }
}
```

4.2.2 Terms Query

term 쿼리와 같은 쿼리로 대상 필드에 복수 개의 term이 포함된 도큐먼트를 검색한다. 이 쿼리는 minimum_match 설정을 통해 AND와 OR 연산을 적용할 수 있다.

여러 개의 term이 모두 포함된 문서만 찾고 싶으면 minimum_match를 term 크기만큼 지정하고, 그중 하나의 term이라도 포함된 문서를 찾고 싶다면 minimum_match를 1로 설정한다.

다음은 REST API를 이용하여 terms 쿼리를 작성한 예제다. 통합 검색 필드로 정의한 unified_search에서 '삼정', '알지'라는 term이 하나라도 포함된 문서를 검색하는 질의다.

[예제]

```
curl -XGET "http://localhost:9200/open_market/_search" -d'
{
  "query": {
    "terms": {
      "unified_search": [
        "삼정",
        "알지"
      ],
      "minimum_match": 1
    }
  }
}'
```

아래는 Java API를 이용하여 terms 쿼리를 작성한 예제로, elasticsearch API는 TermsQueryBuilder를 사용한다.

[예제]

```
public void termsQuery() throws Exception {
    TermsQueryBuilder termsQueryBuilder = new TermsQueryBuilder("unified_search", Arrays.asList("삼정","알지"));
    termsQueryBuilder.minimumMatch(1);

    String result = executeQuery(termsQueryBuilder);
    log.debug(result);
}
```

[실행 결과]

```
{
    "took": 18,
    "timed_out": false,
    "_shards": {
        "total": 3,
        "successful": 3,
        "failed": 0
    },
    "hits": {
        "total": 6,
        "max_score": 0.26521716,
        "hits": [
            {
                "_index": "open_market",
                "_type": "market",
                "_id": "4",
                "_score": 0.26521716,
                "_source": {
                    "unified_search": "[55GA7900] (스탠드형) 구글TV (알지 스마트TV) 138cm (시네마3D FULL HD) 알지 방문 설치 알지공식인증처/e삼정 LED TV RG전자 RG rg",
                    "item_id": 4,
                    "item_name": "[55GA7900] (스탠드형) 구글TV (알지 스마트TV) 138cm (시네마3D FULL HD) 알지 방문 설치 알지공식인증처/e삼정",
                    "item_regdate": 20140103,
                    "item_list_price": 2809000,
                    "item_sales_price": 2640460,
                    "item_delivery_flag": true,
                    "item_delivery_price": 0,
                    "item_save_point": 2640,
                    "cat_first_id": "1",
```

```
                "cat_first_name": "TV",
                "cat_second_id": "1_1",
                "cat_second_name": "LED TV",
                "cat_third_id": "1_1_2",
                "cat_third_name": "RG전자",
                "brand_id": 2,
                "brand_name": "RG",
                "seller_id": "rg",
                "seller_name": "(주) RG전자",
                "item_sales_volume": 0,
                "item_review_score": 0,
                "item_review_count": 0
            }
        },
    ……중략……
        }
    ]
  }
}
```

4.2.3 Match Query

terms 쿼리와 비슷한 기능으로, 지정한 필드에서 쿼리 스트링Query String 형태로 문서를 검색한다. terms 쿼리와는 다르게 쿼리에 대한 분석 작업이 필요하다.

다음은 REST API를 이용하여 match 쿼리를 작성한 예제다. 통합 검색 필드로 정의한 unified_search 필드에서 'LED TV'라는 예제 문서를 검색하는 질의다. analyzer 설정 시 search_analyzer에 lowercase filter가 적용되므로 terms 쿼리와 다르게 대문자가 입력되어도 검색이 된다. 다음 두 예제는 동일한 결과를 보여주는 질의다.

[예제 1]
match 쿼리 사용 시 질의어에 대문자를 사용한 예제다.

```
curl -XGET "http://localhost:9200/open_market/_search" -d'
{
  "query" : {
    "match": {
      "unified_search": "LED TV"
    }
  }
}'
```

[예제 2]
match 쿼리 사용 시 질의어에 소문자와 기본 연산 옵션인 'or'를 사용한 예제다.

```
curl -XGET "http://localhost:9200/open_market/_search" -d'
{
  "query" : {
    "match": {
      "unified_search": {
        "query" : "led tv",
        "operator": "or"
      }
    }
  }
}'
```

다음은 Java API를 이용하여 match 쿼리를 작성한 예제로, elasticsearch API는 MatchQueryBuilder를 사용한다.

[예제]

```
public void matchQuery() throws Exception {
    MatchQueryBuilder matchQueryBuilder = new MatchQueryBuilder("item_name", "led tv");
    matchQueryBuilder.operator(Operator.OR);

    String result = executeQuery(matchQueryBuilder);

    log.debug(result);
}
```

[실행 결과]

```
{
  "took": 17,
  "timed_out": false,
  "_shards": {
    "total": 3,
    "successful": 3,
    "failed": 0
  },
  "hits": {
    "total": 9,
    "max_score": 0.4885627,
    "hits": [
      {
        "_index": "open_market",
        "_type": "market",
        "_id": "1",
        "_score": 0.4885627,
        "_source": {
```

```
            "unified_search": "[삼정전자온라인공식인증점]삼정 32인치LEDTV[UN
32EH6030F][스탠드]전국택배무료배송/벽걸이TV/LED TV/LED/보급형/HDMI/3DTV LED TV
삼정전자 삼정 samjung",
            "item_id": 1,
            "item_name": "[삼정전자온라인공식인증점]삼정 32인치LEDTV[UN32EH6
030F][스탠드]전국택배무료배송/벽걸이TV/LED TV/LED/보급형/HDMI/3DTV",
            "item_regdate": 20140101,
            "item_list_price": 555000,
            "item_sales_price": 488900,
            "item_delivery_flag": true,
            "item_delivery_price": 0,
            "item_save_point": 250,
            "cat_first_id": "1",
            "cat_first_name": "TV",
            "cat_second_id": "1_1",
            "cat_second_name": "LED TV",
            "cat_third_id": "1_1_1",
            "cat_third_name": "삼정전자",
            "brand_id": 1,
            "brand_name": "삼정",
            "seller_id": "samjung",
            "seller_name": "(주) 삼정전자",
            "item_sales_volume": 60,
            "item_review_score": 99,
            "item_review_count": 160
        }
    },
……중략……
        }
    ]
  }
}
```

4.2.4 Multi Match Query

match 쿼리와 방법은 같으나 하나의 필드가 아니라 여러 개의 필드에서 쿼리 스트링으로 검색한다.

다음은 REST API를 이용하여 multi match 쿼리를 작성한 예제로, unified_search와 item_name 필드에서 '카논 렌즈'라는 쿼리로 문서를 검색하는 질의다. 이 질의는 default로 OR 검색을 수행한다.

[예제]

```
curl -XGET "http://localhost:9200/open_market/_search" -d'
{
  "query" : {
    "multi_match": {
      "query": "카논 렌즈",
      "fields": ["unified_search", "item_name"]
    }
  }
}
```

다음은 Java API를 이용하여 multi match 쿼리를 작성한 예제로, elasticsearch API는 MultiMatchQueryBuilder를 사용한다.

```
public void multiMatchQuery() throws Exception {
    MultiMatchQueryBuilder multiMatchQueryBuilder = new
    MultiMatchQueryBuilder("카논 렌즈", "unified_search", " item_name");

    String result = executeQuery(multiMatchQueryBuilder);
    log.debug(result);
}
```

[실행 결과]

```
{
  "took": 16,
  "timed_out": false,
  "_shards": {
    "total": 3,
    "successful": 3,
    "failed": 0
  },
  "hits": {
    "total": 6,
    "max_score": 0.6931493,
    "hits": [
      {
        "_index": "open_market",
        "_type": "market",
        "_id": "16",
        "_score": 0.6931493,
        "_source": {
          "unified_search": "[카논렌즈][병행수입품] 카논 EF-S 55-250mm F4-5.6 IS II [카논전문판매점][A/S 1년][당일발송][방문수령] DSLR 렌즈 카논 kanon",
          "item_id": 16,
          "item_name": "[카논렌즈][병행수입품] 카논 EF-S 55-250mm F4-5.6 IS II [카논전문판매점][A/S 1년][당일발송][방문수령]",
          "item_regdate": 20140107,
          "item_list_price": 178910,
          "item_sales_price": 173550,
          "item_delivery_flag": false,
          "item_delivery_price": 2500,
          "item_save_point": 173,
          "cat_first_id": "2",
```

```
            "cat_first_name": "DSLR",
            "cat_second_id": "2_2",
            "cat_second_name": "DSLR 렌즈",
            "cat_third_id": "2_2_1",
            "cat_third_name": "카논",
            "brand_id": 5,
            "brand_name": "카논",
            "seller_id": "kanon",
            "seller_name": "(주) 카논이미징",
            "item_sales_volume": 90,
            "item_review_score": 98,
            "item_review_count": 72
          }
        },
       ……중략……

        }
      ]
    }
}
```

4.2.5 Query String Query

전통적으로 많이 사용하는 쿼리로, 대상 필드에 쿼리 스트링 질의로 문서를 검색한다. 이 쿼리는 쿼리 스트링 구문분석 Query Stirng Parsing을 위해 쿼리 구문분석기 Query Parser를 사용하는 것이 특징이다. 사용하려면 루씬의 Query Parser Syntax를 잘 알아야 한다.

Query Parser Syntax를 사용할 때와 안 할 때의 차이를 예제를 통해 살펴보자.

[예제 1]
Query Parser Syntax를 사용하지 않고 일반적인 텍스트 쿼리로 작성한 예제다.

```
curl -XGET "http://localhost:9200/open_market/_search " -d'
{
  "query": {
    "query_string": {
      "default_field": "unified_search",
      "query": "3D LED TV"
    }
  }
}'
```

[예제 2]
Query Parser Syntax를 사용하여 작성한 예제다.

```
curl -XGET "http://localhost:9200/open_market/_search " -d'
{
  "query": {
    "query_string": {
      "default_field": "unified_search",
      "query": "3D AND LED AND TV"
    }
  }
}'
```

Query Parser Syntax를 사용하지 않은 쿼리는 default OR 연산을 수행하기 때문에 검색 결과가 두 번째 예제보다 많이 나오게 된다. 두 번째 예제는 AND 연산을 수행하기 때문에 도큐먼트 내에 3D, LED, TV라는 세 개의 term이 모두 포함된 도큐먼트만 검색하게 된다.

다음은 Query Parser Syntax를 사용하지 않은 예제로 Java API는 QueryString QueryBuilder를 사용한다.

[예제]

```
public void queryStringQuery() throws Exception {
    QueryStringQueryBuilder queryStringQueryBuilder = new
QueryStringQueryBuilder("3D LED TV");
    queryStringQueryBuilder.defaultField("unified_search");

    String result = executeQuery(queryStringQueryBuilder);

    log.debug(result);
}
```

아래 결과는 OR 연산이 정상적으로 실행된 결과다.

[실행 결과]

```
{
  "took": 3,
  "timed_out": false,
  "_shards": {
    "total": 3,
    "successful": 3,
    "failed": 0
  },
  "hits": {
    "total": 9,
    "max_score": 0.7133767,
    "hits": [
      {
```

```
            "_index": "open_market",
            "_type": "market",
            "_id": "7",
            "_score": 0.7133767,
            "_source": {
                "unified_search": "[삼정전자] UN46F6100AF (스탠드형) 3D LED TV
초특급총알배송 [큐브디지탈] 3D TV 삼정전자 삼정 samjung",
                "item_id": 7,
                "item_name": "[삼정전자] UN46F6100AF (스탠드형) 3D LED TV
초특급총알배송 [큐브디지탈] ",
                "item_regdate": 20140107,
                "item_list_price": 1174640,
                "item_sales_price": 1104170,
                "item_delivery_flag": true,
                "item_delivery_price": 0,
                "item_save_point": 1104,
                "cat_first_id": "1",
                "cat_first_name": "TV",
                "cat_second_id": "1_2",
                "cat_second_name": "3D TV",
                "cat_third_id": "1_2_1",
                "cat_third_name": "삼정전자",
                "brand_id": 1,
                "brand_name": "삼정",
                "seller_id": "samjung",
                "seller_name": "(주) 삼정전자",
                "item_sales_volume": 1,
                "item_review_score": 0,
                "item_review_count": 0
            }
        },
```

·······중략·······
          }
        ]
      }
    }

4.2.6 Identifiers Query

도큐먼트의 primary 또는 unique key에 해당하는 값을 이용해서 검색하는 쿼리로 _id 필드에 도큐먼트 id 목록을 요청하여 도큐먼트 정보를 구한다. _id 필드는 인덱스 속성을 not_analyzed로 설정해야 한다는 점을 주의한다. 이 쿼리는 일반적으로 도큐먼트 정보를 빠르게 검색하여 상세페이지를 구성하는 데 유용하게 사용된다.

다음은 도큐먼트 id가 3과 5인 도큐먼트만 검색해서 데이터를 가져오는 예제다.

[예제]

```
curl -XGET "http://localhost:9200/open_market/_search " -d'
{
  "query": {
    "ids": {
      "type": "market",
      "values": [3,5]
    }
  }
}'
```

다음은 identifiers(ids) 쿼리를 Java API를 사용하여 작성한 예제로, Java API는 IdsQueryBuilder를 사용한다.

[예제]

```java
public void idsQuery() throws Exception {
    IdsQueryBuilder idsQueryBuilder = new IdsQueryBuilder("market");
    idsQueryBuilder.addIds( "3", "5" );

    String result = executeQuery(idsQueryBuilder);

    log.debug(result);
}
```

[실행 결과]

```
{
    "took": 6,
    "timed_out": false,
    "_shards": {
        "total": 3,
        "successful": 3,
        "failed": 0
    },
    "hits": {
        "total": 2,
        "max_score": 1,
        "hits": [
            {
                "_index": "open_market",
                "_type": "market",
                "_id": "5",
                "_score": 1,
                "_source": {
                    "unified_search": "원데이 특가 [다우루컴즈] 전국무료 방문설치 /
```

```
         T552F(140cm) LED TV / 스탠드 / Full HD / USB 동영상 /HDMI 3개 LED TV 기타
다우루컴즈 dwcomz",
                  "item_id": 5,
                  "item_name": "원데이 특가 [다우루컴즈] 전국무료 방문설치 /
T552F(140cm) LED TV / 스탠드 / Full HD / USB 동영상 /HDMI 3개",
                  "item_regdate": 20140104,
                  "item_list_price": 1000000,
                  "item_sales_price": 940000,
                  "item_delivery_flag": true,
                  "item_delivery_price": 0,
                  "item_save_point": 28300,
                  "cat_first_id": "1",
                  "cat_first_name": "TV",
                  "cat_second_id": "1_1",
                  "cat_second_name": "LED TV",
                  "cat_third_id": "1_1_3",
                  "cat_third_name": "기타",
                  "brand_id": 3,
                  "brand_name": "다우루컴즈",
                  "seller_id": "dwcomz",
                  "seller_name": "다우루컴즈",
                  "item_sales_volume": 20,
                  "item_review_score": 96,
                  "item_review_count": 131
            }
      },
      {
            "_index": "open_market",
            "_type": "market",
            "_id": "3",
            "_score": 1,
            "_source": {
```

```
                "unified_search": "50LN5400 , 125CM , LED, Full HD, HDMI,
USB2.0(사진/음악/동영상), PC연결, RG물류직배송설치 , 폐가전무료회수 LED TV
RG전자 RG rg",
                "item_id": 3,
                "item_name": "50LN5400 , 125CM , LED, Full HD, HDMI, USB2.0(사진/
음악/동영상), PC연결, RG물류직배송설치 , 폐가전무료회수",
                "item_regdate": 20140101,
                "item_list_price": 1367000,
                "item_sales_price": 1350000,
                "item_delivery_flag": true,
                "item_delivery_price": 0,
                "item_save_point": 1450,
                "cat_first_id": "1",
                "cat_first_name": "TV",
                "cat_second_id": "1_1",
                "cat_second_name": "LED TV",
                "cat_third_id": "1_1_2",
                "cat_third_name": "RG전자",
                "brand_id": 2,
                "brand_name": "RG",
                "seller_id": "rg",
                "seller_name": "(주) RG전자",
                "item_sales_volume": 55,
                "item_review_score": 100,
                "item_review_count": 41
            }
        }
    ]
 }
}
```

4.2.7 Prefix Query

이 쿼리는 텍스트의 앞 문자열에 대한 term의 일치 여부에 따라 검색 결과를 가져온다. prefix 쿼리를 이용하면 자동완성 기능을 쉽게 구현할 수 있다. 이 쿼리에 대한 검색 대상 필드는 인덱스 속성이 not_analyzed로 설정되어야 하고, 다른 속성 값을 가진 필드로 검색을 실행하면 잘못된 결과가 나오게 된다.

다음은 prefix 쿼리에 대한 REST API 예제로 소 카테고리 아이디 구조상 같은 카테고리의 상품을 검색한다. 자동완성 기능을 표현한 것은 아니고, prefix 쿼리 특성에 맞는 예제다.

[예제]

```
curl -XGET "http://localhost:9200/open_market/_search" -d'
{
   "query": {
      "prefix": {
         "cat_third_id": {
            "value": "2_1"
         }
      }
   },
   "fields": [
      "cat_first_id", "cat_second_id", "cat_third_id"
   ]
}'
```

다음은 prefix 쿼리에 대한 Java API 예제로 PrefixQueryBuilder를 사용한다.

[예제]

```
public void prefixQuery() throws Exception {
```

```
    PrefixQueryBuilder prefixQueryBuilder = new PrefixQueryBuilder("cat_third_i
d", "2_1");
    String result = executeQuery(prefixQueryBuilder);

    log.debug(result);
}
```

다음은 쿼리를 실행한 결과값으로, 쿼리 특성에 맞도록 cat_xxxxx_id 필드만 검색 결과로 리턴한다.

[실행 결과]

```
{
    "took": 12,
    "timed_out": false,
    "_shards": {
        "total": 3,
        "successful": 3,
        "failed": 0
    },
    "hits": {
        "total": 5,
        "max_score": 1,
        "hits": [
            {
                "_index": "open_market",
                "_type": "market",
                "_id": "11",
                "_score": 1,
                "fields": {
                    "cat_third_id": [
                        "2_1_1"
```

```
          ],
          "cat_first_id": [
            "2"
          ],
          "cat_second_id": [
            "2_1"
          ]
        }
      },
      {
        "_index": "open_market",
        "_type": "market",
        "_id": "14",
        "_score": 1,
        "fields": {
          "cat_third_id": [
            "2_1_3"
          ],
          "cat_first_id": [
            "2"
          ],
          "cat_second_id": [
            "2_1"
          ]
        }
      },
······중략······

    ]
  }
}
```

4.2.8 Match All Query

이 쿼리는 'SELECT * FROM TABLE' SQL문처럼 모든 도큐먼트를 구해오는 쿼리다. 검색 서비스에서는 거의 사용하지 않고, 보통 관리 목적으로 사용한다.

다음은 match all 쿼리에 대한 REST API 예제다.

[예제]

```
curl -XGET "http://localhost:9200/open_market/_search" -d'
{
  "query": {
    "match_all": {}
  }
}'
```

다음은 Java API에 대한 예제로, MatchAllQueryBuilder를 사용한다.

[예제]

```
public void matchAllQuery() throws Exception {
    MatchAllQueryBuilder matchAllQueryBuilder = new MatchAllQueryBuilder();
    String result = executeQuery(matchAllQueryBuilder);

    log.debug(result);
}
```

[실행 결과]

```
{
  "took": 1,
  "timed_out": false,
```

```
"_shards": {
  "total": 3,
  "successful": 3,
  "failed": 0
},
"hits": {
  "total": 18,
  "max_score": 1,
  "hits": [
    {
      "_index": "open_market",
      "_type": "market",
      "_id": "1",
      "_score": 1,
      "_source": {
        "unified_search": "[삼성전자온라인공식인증점]삼성 32인치LEDTV[UN32EH6030F][스탠드]전국택배무료배송/벽걸이TV/LED TV/LED/보급형/HDMI/3DTV LED TV 삼성전자 삼성 samjung",
        "item_id": 1,
        "item_name": "[삼성전자온라인공식인증점]삼성 32인치LEDTV[UN32EH6030F][스탠드]전국택배무료배송/벽걸이TV/LED TV/LED/보급형/HDMI/3DTV",
        "item_regdate": 20140101,
        "item_list_price": 555000,
        "item_sales_price": 488900,
        "item_delivery_flag": true,
        "item_delivery_price": 0,
        "item_save_point": 250,
        "cat_first_id": "1",
        "cat_first_name": "TV",
        "cat_second_id": "1_1",
        "cat_second_name": "LED TV",
        "cat_third_id": "1_1_1",
```

```
                "cat_third_name": "삼정전자",
                "brand_id": 1,
                "brand_name": "삼정",
                "seller_id": "samjung",
                "seller_name": "(주) 삼정전자",
                "item_sales_volume": 60,
                "item_review_score": 99,
                "item_review_count": 160
            }
        },

……중략……

        }
    ]
  }
}
```

4.2.9 Range Query

term 쿼리와 비슷하게 가장 많이 사용하는 쿼리로, number와 date, ip 등의 데이터형을 갖는 필드에 대한 범위를 지정하여 도큐먼트를 검색한다. 필드 특성은 인덱스 속성을 not_analyzed로 설정해야 한다.

다음은 상품 판매가격에 대한 range 쿼리 예제로, 상품 가격이 100만 원보다 크거나 같고 150만 원보다 작거나 같은 상품을 검색한다.

[예제]

```
curl -XGET "http://localhost:9200/open_market/_search" -d'
{
    "query": {
```

```
      "range": {
        "item_sales_price": {
          "gte": 1000000,
          "lte": 1500000
        }
      }
    }
  }
}'
```

다음은 range 쿼리에 대한 Java API 예제로 RangeQueryBuilder를 사용한다.

[예제]

```
public void rangeQuery() throws Exception {
    RangeQueryBuilder rangeQueryBuilder = new RangeQueryBuilder("item_sales_price");
    rangeQueryBuilder.gte(1000000)
                .lte(1500000);

    String result = executeQuery(rangeQueryBuilder);

    log.debug(result);
}
```

[실행 결과]

```
{
  "took": 1,
  "timed_out": false,
  "_shards": {
    "total": 3,
    "successful": 3,
```

```
      "failed": 0
    },
    "hits": {
      "total": 4,
      "max_score": 1,
      "hits": [
        {
          "_index": "open_market",
          "_type": "market",
          "_id": "7",
          "_score": 1,
          "_source": {
            "unified_search": "[삼정전자] UN46F6100AF (스탠드형) 3D LED TV 초특급총알배송 [큐브디지탈] 3D TV 삼정전자 삼정 samjung",
            "item_id": 7,
            "item_name": "[삼정전자] UN46F6100AF (스탠드형) 3D LED TV 초특급총알배송 [큐브디지탈] ",
            "item_regdate": 20140107,
            "item_list_price": 1174640,
            "item_sales_price": 1104170,
            "item_delivery_flag": true,
            "item_delivery_price": 0,
            "item_save_point": 1104,
            "cat_first_id": "1",
            "cat_first_name": "TV",
            "cat_second_id": "1_2",
            "cat_second_name": "3D TV",
            "cat_third_id": "1_2_1",
            "cat_third_name": "삼정전자",
            "brand_id": 1,
            "brand_name": "삼정",
            "seller_id": "samjung",
```

```
            "seller_name": "(주) 삼정전자",
            "item_sales_volume": 1,
            "item_review_score": 0,
            "item_review_count": 0
        }
      },
  ……중략……
      }
    ]
  }
}
```

4.3 복합 검색하기

elasticsearch에서 복잡한 검색식을 생성하기 위해서는 복합 검색 기능이 필수다. 지금까지 봐왔던 쿼리는 단순 조건만 지원하기 때문에 복잡한 요구사항을 필요하는 실제 서비스에서는 복합 검색 기능을 사용할 수밖에 없다. elasticsearch에서 지원하는 모든 종류의 쿼리는 bool 쿼리를 이용하여 생성할 수 있다.

4.3.1 Bool Query(must, should)

bool 쿼리의 must는 반드시 검색하려는 term이 도큐먼트에 포함되어야만 하는 조건을 만들고, should는 조건 속성에 따라 다르지만 최소 하나 이상의 term이 포함된 문서를 검색하는 조건을 만든다. 즉 must는 AND 조건을 만들고 should는 OR 조건을 만든다고 이해하면 쉽다.

다음 두 예제는 minimum_match와 minimum_should_match, minimum_number_should_match 속성을 이용하여 AND 연산을 구현한 예제로, 같은 결과값을 가진다. 만약 OR 연산을 수행하고 싶다면 minimum_match 값을 1로 수정한다.

[must 예제]

```
curl -XGET "http://localhost:9200/open_market/_search" -d'
{
  "query": {
    "bool": {
      "must": [
        {"terms": {
          "unified_search": [
            "삼정",
            "tv"
          ],
          "minimum_match": 2
        }
        }
      ]
    }
  }
}'
```

[should 예제]

```
curl -XGET "http://localhost:9200/open_market/_search" -d'
{
  "query": {
    "bool": {
      "should": [
        {"term": {
          "unified_search": {
            "value": "삼정"
          }
        }},
      ],
```

```
            "should": [
                {"term": {
                    "unified_search": {
                        "value": "tv"
                    }
                }}
            ],
            "minimum_number_should_match": 2
        }
    }
}'
```

아래는 Java API 예제로 BoolQueryBuilder와 TermsQueryBuilder, Term QueryBuilder를 이용한다.

[예제]

```
public void boolQuery() throws Exception {
    BoolQueryBuilder boolQueryBuilder = new BoolQueryBuilder();
    TermsQueryBuilder termsQueryBuilder = new TermsQueryBuilder("unified_search", Arrays.asList("삼성", "tv"));
    termsQueryBuilder = termsQueryBuilder.minimumMatch(2);
    boolQueryBuilder.must(termsQueryBuilder);

    String result = executeQuery(boolQueryBuilder);

    log.debug(result);

    boolQueryBuilder = new BoolQueryBuilder();
    boolQueryBuilder.should(new TermQueryBuilder("unified_search", "삼성"))
        .should(new TermQueryBuilder("unified_search", "tv"))
        .minimumNumberShouldMatch(2);
```

```
        result = executeQuery(boolQueryBuilder);

        log.debug(result);
}
```

아래는 복합 검색 실행 후 정상적인 결과값이다.

[실행 결과]

```
{
    "took": 2,
    "timed_out": false,
    "_shards": {
        "total": 3,
        "successful": 3,
        "failed": 0
    },
    "hits": {
        "total": 4,
        "max_score": 0.78203756,
        "hits": [
            {
                "_index": "open_market",
                "_type": "market",
                "_id": "2",
                "_score": 0.78203756,
                "_source": {
                    "unified_search": "[삼정전자온라인공식인증점]삼정 50인치 LED TV UN50F6450AF 스탠드/벽걸이/스마트TV/3D/티비/삼정물류직배송/폐가전수거 LED TV 삼정전자 삼정 samjung",
                    "item_id": 2,
                    "item_name": "[삼정전자온라인공식인증점]삼정 50인치 LED TV
```

```
       UN50F6450AF 스탠드/벽걸이/스마트TV/3D/티비/삼정물류직배송/폐가전수거 ",
            "item_regdate": 20140102,
            "item_list_price": 1711000,
            "item_sales_price": 1561970,
            "item_delivery_flag": true,
            "item_delivery_price": 0,
            "item_save_point": 1250,
            "cat_first_id": "1",
            "cat_first_name": "TV",
            "cat_second_id": "1_1",
            "cat_second_name": "LED TV",
            "cat_third_id": "1_1_1",
            "cat_third_name": "삼정전자",
            "brand_id": 1,
            "brand_name": "삼정",
            "seller_id": "samjung",
            "seller_name": "(주) 삼정전자",
            "item_sales_volume": 26,
            "item_review_score": 100,
            "item_review_count": 72
        }
    },

……중략……

        }
    ]
}
}
```

4.3.2 Bool Query(must_not)

이 쿼리는 검색어 제외 기능으로, 지정한 검색 필드에서 term이 포함된 도큐먼트를 제외하고 결과를 구한다.

다음 예제는 상품명에 '알지'라는 term이 포함되지 않은 도큐먼트만 검색한다.

[예제]

```
curl -XGET "http://localhost:9200/open_market/_search" -d'
{
   "query": {
      "bool": {
         "must_not": [
            {"term": {
               "item_name": {
                  "value": "알지"
               }
            }}
         ]
      }
   }
}'
```

아래는 Java API 예제로, BoolQueryBuilder와 TermQueryBuilder를 사용한다.

[예제]

```
public void boolQuery() throws Exception {
   BoolQueryBuilder boolQueryBuilder = new BoolQueryBuilder();
   boolQueryBuilder.mustNot(new TermQueryBuilder("item_name", "알지"));

   result = executeQuery(boolQueryBuilder);
```

```
        log.debug(result);
    }
```

[실행 결과]

```
{
    "took": 1,
    "timed_out": false,
    "_shards": {
        "total": 3,
        "successful": 3,
        "failed": 0
    },
    "hits": {
        "total": 16,
        "max_score": 1,
        "hits": [
            {
                "_index": "open_market",
                "_type": "market",
                "_id": "1",
                "_score": 1,
                "_source": {
                    "unified_search": "[삼정전자온라인공식인증점]삼정 32인치LEDTV[UN32EH6030F][스탠드]전국택배무료배송/벽걸이TV/LED TV/LED/보급형/HDMI/3DTV LED TV 삼정전자 삼정 samjung",
                    "item_id": 1,
                    "item_name": "[삼정전자온라인공식인증점]삼정 32인치LEDTV[UN32EH6030F][스탠드]전국택배무료배송/벽걸이TV/LED TV/LED/보급형/HDMI/3DTV",
                    "item_regdate": 20140101,
                    "item_list_price": 555000,
                    "item_sales_price": 488900,
```

```
            "item_delivery_flag": true,
            "item_delivery_price": 0,
            "item_save_point": 250,
            "cat_first_id": "1",
            "cat_first_name": "TV",
            "cat_second_id": "1_1",
            "cat_second_name": "LED TV",
            "cat_third_id": "1_1_1",
            "cat_third_name": "삼정전자",
            "brand_id": 1,
            "brand_name": "삼정",
            "seller_id": "samjung",
            "seller_name": "(주) 삼정전자",
            "item_sales_volume": 60,
            "item_review_score": 99,
            "item_review_count": 160
          }
      },
 ······중략······
      }
    ]
  }
}
```

4.4 검색 결과 Paging

검색 결과 페이징은 잘못 사용하면 성능 저하를 유발할 수 있다. 검색엔진은 특성상 RDBMS와 다르게 문서 목록에 대한 page navigation에 최적화되어 있지 않다. 구글이나 야후 등의 검색 결과 페이지를 보면 검색 결과로 도큐먼트가 수백, 수

천만 개가 나오더라도 도큐먼트 적합성이 높은 상위 도큐먼트만 결과로 제공한다. 하지만 전체 도큐먼트 수가 많지 않고 결과 도큐먼트 크기가 작다면 성능에는 별 영향이 없으므로 안심하고 사용해도 된다.

다음은 match all 쿼리에 대한 페이징 설정 예제다.

[예제]

```
curl -XGET "http://localhost:9200/open_market/_search" -d'
{
   "query": {
      "match_all": {}
   },
   "from": 0,
   "size": 5
}'
```

다음은 Java API 예제로 페이징 설정 값은 SearchRequestBulder를 이용한다.

[예제]

```
public void pagineQuery() throws Exception {
   Settings settings;
   Client client;

   settings = ImmutableSettings
      .settingsBuilder()
      .build();

   client = buildClient(settings);

   SearchResponse searchResponse;
```

```
    MatchAllQueryBuilder matchAllQueryBuilder = new MatchAllQueryBuilder();

    searchResponse = client.prepareSearch("open_market")
        .setQuery(matchAllQueryBuilder)
        .setFrom(05
        .setSize(5)
        .execute()
        .actionGet();

    log.debug(searchResponse.toString());
}
```

다음 실행 결과는 match all 쿼리를 실행했을 때와 같지만, 페이징 설정으로 총 5개의 도큐먼트만 결과값으로 얻게 된다. hists.total을 보면 도큐먼트는 총 18개지만 요청한 5개만 보인다.

[실행 결과]

```
{
    "took": 0,
    "timed_out": false,
    "_shards": {
        "total": 3,
        "successful": 3,
        "failed": 0
    },
    "hits": {
        "total": 18,
        "max_score": 1,
        "hits": [
            {
```

```
"_index": "open_market",
"_type": "market",
"_id": "1",
"_score": 1,
"_source": {
    "unified_search": "[삼정전자온라인공식인증점]삼정 32인치LEDTV[UN32EH6030F][스탠드]전국택배무료배송/벽걸이TV/LED TV/LED/보급형/HDMI/3DTV LED TV 삼정전자 삼정 samjung",
    "item_id": 1,
    "item_name": "[삼정전자온라인공식인증점]삼정 32인치LEDTV[UN32EH6030F][스탠드]전국택배무료배송/벽걸이TV/LED TV/LED/보급형/HDMI/3DTV",
    "item_regdate": 20140101,
    "item_list_price": 555000,
    "item_sales_price": 488900,
    "item_delivery_flag": true,
    "item_delivery_price": 0,
    "item_save_point": 250,
    "cat_first_id": "1",
    "cat_first_name": "TV",
    "cat_second_id": "1_1",
    "cat_second_name": "LED TV",
    "cat_third_id": "1_1_1",
    "cat_third_name": "삼정전자",
    "brand_id": 1,
    "brand_name": "삼정",
    "seller_id": "samjung",
    "seller_name": "(주) 삼정전자",
    "item_sales_volume": 60,
    "item_review_score": 99,
    "item_review_count": 160
}
},
```

```
      ……중략……
        }
      ]
    }
}
```

4.5 검색 결과 Filtering

필터링은 기본 검색 질의를 통해서 얻은 결과값을 가지고 다시 재검색을 실행하는 기능이다. 이 기능은 이미 검색된 문서들에 대한 _score 계산을 하지 않기 때문에 일반 쿼리 검색보다 빠르다. 따라서 활용방식에 따라 검색 성능을 높힐 수 있다. 필터링은 검색 결과 내 재검색이나 _score 연산이 필요하지 않은 검색 조건식에 사용하면 좋다.

다음 예제는 전체 문서에서 상품명에 "카논"이라는 term이 포함된 도큐먼트만 필터링하고 있다.

```
curl -XGET "http://localhost:9200/open_market/_search" -d'
{
    "query": {
        "match_all": {}
    },
    "filter": {
        "bool": {
            "must": [
                {"term": {
                    "item_name": "카논"
                }}
            ]
        }
```

      }
  }'

- match all 쿼리 설정 부분은 다른 쿼리로 대체할 수 있다.

아래는 Java API 예제로 MatchAllQueryBuilder와 BoolFilterBuilder, TermFilterBuilder를 이용한 예제다.

```java
public void filterQuery() throws Exception {
  Settings settings;
  Client client;

  settings = ImmutableSettings
      .settingsBuilder()
      .build();

  client = buildClient(settings);

  SearchResponse searchResponse;
  MatchAllQueryBuilder matchAllQueryBuilder = new MatchAllQueryBuilder();
  BoolFilterBuilder boolFilterBuilder = new BoolFilterBuilder();
  boolFilterBuilder.must(new TermFilterBuilder("item_name", "카논"));

  searchResponse = client.prepareSearch("open_market")
      .setQuery(matchAllQueryBuilder)
      .setPostFilter(boolFilterBuilder)
      .execute()
      .actionGet();

  log.debug(searchResponse.toString());
}
```

[실행 결과]

```
{
    "took": 3,
    "timed_out": false,
    "_shards": {
        "total": 3,
        "successful": 3,
        "failed": 0
    },
    "hits": {
        "total": 3,
        "max_score": 1,
        "hits": [
            {
                "_index": "open_market",
                "_type": "market",
                "_id": "11",
                "_score": 1,
                "_source": {
                    "unified_search": "[카논코리아 정품] EOS-100D + 18-55mm IS STM (새제품 완박스) / 인기렌즈+필수 악세서리(구매정보), 삼각대/DSLR가방/메모리등 사은품증정 이벤트 DSLR 카메라 카논 kanon",
                    "item_id": 11,
                    "item_name": "[카논코리아 정품] EOS-100D + 18-55mm IS STM (새제품 완박스) / 인기렌즈+필수 악세서리(구매정보), 삼각대/DSLR가방/메모리등 사은품증정 이벤트 ",
                    "item_regdate": 20140110,
                    "item_list_price": 745000,
                    "item_sales_price": 700300,
                    "item_delivery_flag": true,
                    "item_delivery_price": 0,
```

```
                "item_save_point": 700,
                "cat_first_id": "2",
                "cat_first_name": "DSLR",
                "cat_second_id": "2_1",
                "cat_second_name": "DSLR 카메라",
                "cat_third_id": "2_1_1",
                "cat_third_name": "카논",
                "brand_id": 5,
                "brand_name": "카논",
                "seller_id": "kanon",
                "seller_name": "(주) 카논이미징",
                "item_sales_volume": 67,
                "item_review_score": 98,
                "item_review_count": 121
            }
        },
......중략......
        }
    ]
  }
}
```

4.6 검색 결과 Sorting

elasticsearch에서는 기본으로 _score에 대해 내림차순^{Desceding} 정렬로 결과를 생성한다. 대부분의 쇼핑몰에서 이야기하는 랭킹순이 바로 _score에 대한 정렬이다. 이 정렬 기능은 단일 필드 또는 복합 필드 정렬을 설정할 수 있다.

다음은 match all 쿼리에 대한 복합 정렬 예제로 1차 정렬 조건은 상품등록일이 최근이고, 등록일이 같으면 2차 정렬 조건으로 누적 판매수량이 적은 순으로 정렬된다.

여기서 주의할 점은 예제의 track_scores 부분이다. track_scores 설정을 true로 하지 않으면 score 계산이 반영되지 않아서 _score 값이 null로 리턴되므로 정렬 기능을 사용하려면 반드시 true로 설정해야 한다.

[예제]

```
curl -XGET "http://localhost:9200/open_market/_search" -d'
{
  "query": {
    "match_all": {}
  },
  "sort": [
    {
      "item_regdate": {
        "order": "desc"
      },
      "item_sales_volume": {
        "order": "asc"
      }
    }
  ],
  "track_scores": true
}'
```

- match all 쿼리 설정은 다른 쿼리로 대체할 수 있다.

다음은 Java API로 구현된 예제로 MatchAllQueryBuilder와 FieldSortBuilder를 사용한다.

[예제]

```
public void sortQuery() throws Exception {
  Settings settings;
  Client client;

  settings = ImmutableSettings
    .settingsBuilder()
    .build();

  client = buildClient(settings);

  SearchResponse searchResponse;
  MatchAllQueryBuilder matchAllQueryBuilder = new MatchAllQueryBuilder();
  FieldSortBuilder fieldSortBuilderDesc = SortBuilders.fieldSort("item_regdat
e").order(SortOrder.DESC);
  FieldSortBuilder fieldSortBuilderAsc = SortBuilders.fieldSort("item_sales_v
olume").order(SortOrder.ASC);

  searchResponse = client.prepareSearch("open_market")
    .setQuery(matchAllQueryBuilder)
    .addSort(fieldSortBuilderDesc)
    .addSort(fieldSortBuilderAsc)
    .setTrackScores(true)
    .execute()
    .actionGet();

  log.debug(searchResponse.toString());
}
```

[실행 결과]

```
{
  "took": 1,
  "timed_out": false,
  "_shards": {
    "total": 3,
    "successful": 3,
    "failed": 0
  },
  "hits": {
    "total": 18,
    "max_score": 1,
    "hits": [
      {
        "_index": "open_market",
        "_type": "market",
        "_id": "17",
        "_score": 1,
        "_source": {
          "unified_search": "[DSLR전문-만들기] [니쿤정품] AF-S NIKKOR 24-70mm F2.8G ED [최신시리얼/미개봉/미사용][365일매장방문수령][24시간친절친절상담][2년무상A/S즉시배송]5D MARK III/5DMARK3/5D MARK2/650D/D800/D600/D7100/D61 DSLR 렌즈 니쿤 nikun",
          "item_id": 17,
          "item_name": "[DSLR전문-만들기] [니쿤정품] AF-S NIKKOR 24-70mm F2.8G ED [최신시리얼/미개봉/미사용][365일매장방문수령][24시간친절친절상담][2년무상A/S즉시배송]5D MARK III/5DMARK3/5D MARK2/650D/D800/D600/D7100/D61",
          "item_regdate": 20140115,
          "item_list_price": 1850520,
          "item_sales_price": 1758000,
          "item_delivery_flag": true,
```

```
                "item_delivery_price": 0,
                "item_save_point": 1858,
                "cat_first_id": "2",
                "cat_first_name": "DSLR",
                "cat_second_id": "2_2",
                "cat_second_name": "DSLR 렌즈",
                "cat_third_id": "2_2_2",
                "cat_third_name": "니쿤",
                "brand_id": 6,
                "brand_name": "니쿤",
                "seller_id": "nikun",
                "seller_name": "(주) 니쿤",
                "item_sales_volume": 9,
                "item_review_score": 100,
                "item_review_count": 8
            },
            "sort": [
                20140115,
                9
            ]
        },
......중략......
        }
    ]
  }
}
```

4.7 검색 결과 Faceting

SQL문의 groupby/having과 비슷한 기능이다. 이 기능을 이용해서 쇼핑몰에서는 검색 결과에 대한 카테고리별 상품 카운트와 브랜드별 상품 카운트를 구할 수 있다. 또한, statistical facet 기능을 이용해서 상품에 대한 최솟값과 최댓값을 구할 수 있다. 일반 검색에서는 패싯 기능을 데이터 분석용으로 사용한다.

패싯 필드Facet Field는 인덱스 속성을 반드시 not_analyzed로 지정해야만 기능을 사용할 수 있으니 주의한다.

4.7.1 Terms Facet

지정한 여러 필드에 포함된 term들의 카운트를 구하는 기능이다. 쇼핑몰에서는 개별 상품에 대한 검색 결과를 구하기 때문에 각 상품에 포함된 카테고리 카운트를 구해서 카테고리별 상품 수를 표현할 수 있다.

다음은 검색된 결과에서 카테고리별 매칭된 상품 수를 구하는 예제다. 여기서는 match all 쿼리를 사용하므로 전체 상품에 대한 카테고리별 통계 정보를 구한다.

[예제]

```
curl -XGET "http://localhost:9200/open_market/_search" -d'
{
  "query": {
    "match_all": {}
  },
  "facets": {
    "category_sum": {
      "terms": {
        "fields": [
          "cat_first_id",
          "cat_second_id",
          "cat_third_id"
        ],
        "size": 100
      }
    }
```

        }
    }'

다음은 Java API를 사용한 예제로 MatchAllQueryBuilder와 TermsFacet
Builder로 구현한다.

[예제]

```
public void termsFacetQuery() throws Exception {
    Settings settings;
    Client client;

    settings = ImmutableSettings
        .settingsBuilder()
        .build();

    client = buildClient(settings);

    SearchResponse searchResponse;
    MatchAllQueryBuilder matchAllQueryBuilder = new MatchAllQueryBuilder();
    TermsFacetBuilder termsFacetBuilder = FacetBuilders.termsFacet("category_su
m").fields("cat_first_id","cat_second_id","cat_third_id").size(100);

    searchResponse = client.prepareSearch("open_market")
        .setQuery(matchAllQueryBuilder)
        .addFacet(termsFacetBuilder)
        .execute()
        .actionGet();

    log.debug(searchResponse.toString());
}
```

다음은 정상적으로 실행된 결과값으로, 대 카테고리가 1인 상품이 9개라면 중 카테고리의 결과값을 더하면 9가 되어야 하고, 소 카테고리의 결과값의 합도 9가 되어야 한다.

[실행 결과]

```
{
    "took": 11,
    "timed_out": false,
    "_shards": {
       "total": 3,
       "successful": 3,
       "failed": 0
    },
    "hits": {
       "total": 18,
       "max_score": 1,
       "hits": [
            ……
       ]
    },
  "facets": {
        "category_sum": {
           "_type": "terms",
           "missing": 0,
           "total": 54,
           "other": 0,
           "terms": [
               {
                   "term": "2",
                   "count": 9
               },
```

```
    {
      "term": "1",
      "count": 9
    },
    {
      "term": "2_1",
      "count": 5
    },
    {
      "term": "1_1",
      "count": 5
    },
    {
      "term": "2_2",
      "count": 4
    },
    {
      "term": "1_2",
      "count": 4
    },
    {
      "term": "2_2_2",
      "count": 2
    },
    {
      "term": "2_2_1",
      "count": 2
    },
    {
      "term": "2_1_2",
      "count": 2
    },
```

```
      {
         "term": "2_1_1",
         "count": 2
      },
      {
         "term": "1_2_1",
         "count": 2
      },
      {
         "term": "1_1_2",
         "count": 2
      },
      {
         "term": "1_1_1",
         "count": 2
      },
      {
         "term": "2_1_3",
         "count": 1
      },
      {
         "term": "1_2_3",
         "count": 1
      },
      {
         "term": "1_2_2",
         "count": 1
      },
      {
         "term": "1_1_3",
         "count": 1
      }
```

            ]
          }
        }
      }

4.7.2 Statistical Facet

numeric type 필드에 대한 통계 기능을 수행한다. 결과값으로는 count, total, sum of squares, mean (average), minimum, maximum, variance, standard deviation을 가진다. 다음 예제에서는 상품의 실판매가에 대한 통계 정보를 구하여 상품가격에 대한 범위 조건식의 최솟값과 최댓값을 표시하기 위한 정보로 사용된다.

[REST API 예제]

```
curl -XGET "http://localhost:9200/open_market/_search" -d'
{
   "query": {
      "match_all": {}
   },
   "facets": {
      "price_sum": {
         "statistical": {
            "field": "item_sales_price"
         }
      }
   }
}'
```

다음은 Java API로 구현된 예제로, MatchAllQueryBuilder와 StatisticaFacetlBuilder를 사용한다.

[예제]

```
public void statisticalFacetQuery() throws Exception {
    Settings settings;
    Client client;

    settings = ImmutableSettings
        .settingsBuilder()
        .build();

    client = buildClient(settings);

    SearchResponse searchResponse;
    MatchAllQueryBuilder matchAllQueryBuilder = new MatchAllQueryBuilder();
    StatisticalFacetBuilder statisticalFacetBuilder = FacetBuilders.statistical
    Facet("price_sum").field("item_sales_price");

    searchResponse = client.prepareSearch("open_market")
        .setQuery(matchAllQueryBuilder)
        .addFacet(statisticalFacetBuilder)
        .execute()
        .actionGet();

    log.debug(searchResponse.toString());
}
```

[실행 결과]

```
{
    "took": 5,
    "timed_out": false,
    "_shards": {
```

```
      "total": 3,
      "successful": 3,
      "failed": 0
    },
    "hits": {
      "total": 18,
      "max_score": 1,
      "hits": [
 ········.
      ]
    },
    "facets": {
      "price_sum": {
        "_type": "statistical",
        "count": 18,
        "total": 22746140,
        "min": 173550,
        "max": 2640460,
        "mean": 1263674.4444444445,
        "sum_of_squares": 36469885849000,
        "variance": 429231667846.91364,
        "std_deviation": 655157.7427207234
      }
    }
}
```

4.8 검색 결과 Highlighting

강조 기능은 검색어와 일치하는 term에 강조 처리를 하는 것이지만, 일반 쇼핑몰의 특성상 사용하지 않는다.[01] 하지만 일반 검색에서 빠지지 않는 기능이므로 여기

---

01 3.2.6 강조 필드 정의 참고

서는 상품명에 강조 기능을 적용해 보자.

강조 기능을 사용하려면 설정 필드에 store 설정을 yes, 인덱스 설정을 analyzed, term_vector 설정을 with_positions_offsets로 구성한다.

다음은 상품명에 'tv'라는 term이 있으면 html tag인 〈strong〉tv〈/strong〉을 적용하고, 중 카테고리명에 'tv'라는 term이 있으면 html tag 〈b〉tv〈/b〉를 적용하는 예제다.

[예제]

```
curl -XGET "http://localhost:9200/open_market/_search" -d'
{
   "query": {
      "term": {
         "item_name": "tv"
      }
   },
   "highlight": {
      "fields": {
         "item_name" : {
            "pre_tags" : ["<strong>"],
            "post_tags" : ["</strong>"]
         },
         "cat_second_name" : {
            "pre_tags" : ["<b>"],
            "post_tags" : ["</b>"]
         }
      }
   }
}'
```

다음은 Java API의 TermQueryBuilder와 SearchRequestBuilder를 이용하여 강조 설정을 구현한 예제다.

[예제]

```java
public void highlightQuery() throws Exception {
    Settings settings;
    Client client;

    settings = ImmutableSettings
        .settingsBuilder()
        .build();

    client = buildClient(settings);

    SearchResponse searchResponse;
    TermQueryBuilder termQueryBuilder = new TermQueryBuilder("item_name", "tv");

    searchResponse = client.prepareSearch("open_market")
        .setQuery(termQueryBuilder)
        .addHighlightedField("item_name")
        .addHighlightedField("cat_second_name")
        .setHighlighterPreTags("<strong>")
        .setHighlighterPostTags("</strong>")
        .execute()
        .actionGet();

    log.debug(searchResponse.toString());
}
```

[실행 결과]

```
{
    "took": 48,
    "timed_out": false,
    "_shards": {
        "total": 3,
        "successful": 3,
        "failed": 0
    },
    "hits": {
        "total": 7,
        "max_score": 0.3741362,
        "hits": [
            {
                "_index": "open_market",
                "_type": "market",
                "_id": "9",
                "_score": 0.3741362,
                "_source": {
                    "unified_search": "수카이미디어 [국산패널][국내생산]SE-55DAF11/55인치 TV/풀HD LED TV/광시야각/USB 동영상/스탠드 기본/벽걸이 지원 3D TV 기타 수카이미디어 sukymedia",
                    "item_id": 9,
                    "item_name": "수카이미디어 [국산패널][국내생산]SE-55DAF11/55인치 TV/풀HD LED TV/광시야각/USB 동영상/스탠드 기본/벽걸이 지원 ",
                    "item_regdate": 20140102,
                    "item_list_price": 946310,
                    "item_sales_price": 899000,
                    "item_delivery_flag": true,
                    "item_delivery_price": 0,
                    "item_save_point": 1099,
```

```
                "cat_first_id": "1",
                "cat_first_name": "TV",
                "cat_second_id": "1_2",
                "cat_second_name": "3D TV",
                "cat_third_id": "1_2_3",
                "cat_third_name": "기타",
                "brand_id": 4,
                "brand_name": "수카이미디어",
                "seller_id": "sukymedia",
                "seller_name": "수카이미디어",
                "item_sales_volume": 0,
                "item_review_score": 0,
                "item_review_count": 0
            },
            "highlight": {
                "item_name": [
                    "수카이미디어 [국산패널][국내생산]SE-55DAF11/55인치 <strong>TV</strong>/풀HD LED <strong>TV</strong>/광시야각/USB 동영상/스탠드 기본/벽걸이 지원 "
                ],
                "cat_second_name": [
                    "3D <b>TV</b>"
                ]
            }
        },

    ······중략······

        }
      ]
    }
}
```

4장 Elasticsearch 검색하기

4.9 검색 질의 Boosting

검색 결과 중 상위로 노출하고자 하는 도큐먼트의 가중치를 높여 _score 값을 증가시켜 주는 설정이다. 즉, 특정 도큐먼트를 검색 결과의 상위에 노출하기 위해 검색 시 질의에 조작을 가하는 것을 말한다. 쇼핑몰에서 가장 쉽게 상품 랭킹을 조작하는 방법으로 검색어에 대한 카테고리 매칭 정보를 이용하여 카테고리에 부스팅을 적용하면 원하는 상품을 상위에 노출할 수 있다.

4.9.1 Term Boosting

검색 질의어에 가중치를 부여하여 검색하는 방식이다. 만약 사용자가 카논과 니쿤이라는 검색어를 입력했을 때 카논이라는 상품을 상위에 노출하고 싶으면 term 부스팅 기능을 이용하여 구현하면 된다. 부스팅은 목적에 따라 적용하는 방법이 달라지며 지속해서 튜닝하고 개선해 나가야 한다.

여기서 사용된 예제는 카논과 니쿤으로 검색 질의를 하면 니쿤 상품이 상위에 노출된다. 다음 예제는 카논 상품을 상위로 강제 노출하기 위해 term 부스팅을 적용하여 검색 결과를 조작한 예제다.

- 실행 결과를 비교하려면 일반 질의와 부스팅 적용 질의 두 가지 방법을 모두 실행해 보기 바란다.
- 일반 질의: 카논 and 니쿤
- 부스팅 질의: 카논^2 and 니쿤

[예제]

```
curl -XGET "http://localhost:9200/open_market/_search" -d'
{
  "query": {
    "bool": {
      "should": [
```

```
            {
                "match_all": {}
            }
        ],
        "should" : [
            {
                "query_string": {
                    "default_field": "item_name",
                    "query": "카논^2 and 니쿤"
                }
            }
        ]
    }
}'
```

다음은 Java API인 BoolQueryBuilder와 QueryStringQueryBuilder로 구현한 예제다.

[예제]

```
public void termBoostingQuery() throws Exception {
  BoolQueryBuilder boolQueryBuilder = new BoolQueryBuilder();
  QueryStringQueryBuilder queryStringQueryBuilder = new
QueryStringQueryBuilder("카논^2 and 니쿤");
  queryStringQueryBuilder = queryStringQueryBuilder.defaultField("item_na
me");

  boolQueryBuilder = new BoolQueryBuilder();
  boolQueryBuilder.should(new MatchAllQueryBuilder())
    .should(queryStringQueryBuilder);
```

```
    String result = executeQuery(boolQueryBuilder);

    log.debug(result);
}
```

[실행 결과]

```
{
  "took": 2,
  "timed_out": false,
  "_shards": {
    "total": 3,
    "successful": 3,
    "failed": 0
  },
  "hits": {
    "total": 18,
    "max_score": 0.326327,
    "hits": [
      {
        "_index": "open_market",
        "_type": "market",
        "_id": "16",
        "_score": 0.326327,
        "_source": {
          "unified_search": "[카논렌즈][병행수입품] 카논 EF-S 55-250mm F4-5.6 IS II [카논전문판매점][A/S 1년][당일발송][방문수령] DSLR 렌즈 카논 kanon",
          "item_id": 16,
          "item_name": "[카논렌즈][병행수입품] 카논 EF-S 55-250mm F4-5.6 IS II [카논전문판매점][A/S 1년][당일발송][방문수령]",
          "item_regdate": 20140107,
```

```
            "item_list_price": 178910,
            "item_sales_price": 173550,
            "item_delivery_flag": false,
            "item_delivery_price": 2500,
            "item_save_point": 173,
            "cat_first_id": "2",
            "cat_first_name": "DSLR",
            "cat_second_id": "2_2",
            "cat_second_name": "DSLR 렌즈",
            "cat_third_id": "2_2_1",
            "cat_third_name": "카논",
            "brand_id": 5,
            "brand_name": "카논",
            "seller_id": "kanon",
            "seller_name": "(주) 카논이미징",
            "item_sales_volume": 90,
            "item_review_score": 98,
            "item_review_count": 72
         }
      },
······중략······
         }
      ]
   }
}
```

4.9.2 Field Boosting

다루기가 쉬워서 일반적으로 많이 사용되는 부스팅 기능이다. term 부스팅과는 달리 사용자가 요청한 검색 질의에 부스팅 검색 조건을 추가한다. 앞서 설명한 것처럼 카테고리에 이 기능을 많이 활용한다.

다음은 필드 부스팅을 적용하지 않은 검색 조건 예제다.

[예제]

```
curl -XGET "http://localhost:9200/open_market/_search" -d'
{
    "query": {
        "bool": {
            "must": [
                {
                    "terms": {
                        "unified_search": [
                            "카논", "니쿤"
                        ],
                        "minimum_match" : 1
                    }
                }
            ]
        }
    }
}'
```

필드 부스팅 조건이 추가된 예제다. 앞의 예제와 비교해보기 바란다.

[예제]

```
curl -XGET "http://localhost:9200/open_market/_search" -d'
{
    "query": {
        "bool": {
            "must": [
                {
```

```
            "terms": {
                "unified_search": [
                    "카논", "니쿤"
                ],
                "minimum_match" : 1
            }
        }
    ],
    "should": [
        {
            "terms": {
                "cat_third_id": [
                    "2_1_1", "2_2_1"
                ],
                "boost": 2
            }
        }
    ]
  }
 }
}'
```

다음은 필드 부스팅 조건이 적용된 Java API 예제다.

[예제]

```
public void fieldBoostingQuery() throws Exception {
    TermsQueryBuilder termsQueryBuilder = new TermsQueryBuilder("unified_search", Arrays.asList("카논","니쿤"));
    termsQueryBuilder.minimumMatch(1);
    TermsQueryBuilder termsQueryBuilderBoost = new TermsQueryBuilder("cat_third_id", Arrays.asList("2_1_1","2_2_1"));
```

```
    termsQueryBuilderBoost.boost(2.0f);

    BoolQueryBuilder boolQueryBuilder = new BoolQueryBuilder();
    boolQueryBuilder.should(termsQueryBuilder)
        .should(termsQueryBuilderBoost);

    String result = executeQuery(boolQueryBuilder);

    log.debug(result);
}
```

[실행 결과]

```
{
    "took": 1,
    "timed_out": false,
    "_shards": {
        "total": 3,
        "successful": 3,
        "failed": 0
    },
    "hits": {
        "total": 8,
        "max_score": 0.7442409,
        "hits": [
            {
                "_index": "open_market",
                "_type": "market",
                "_id": "16",
                "_score": 0.7442409,
                "_source": {
                    "unified_search": "[카논렌즈][병행수입품] 카논 EF-S 55-250mm
```

```
F4-5.6 IS II [카논전문판매점][A/S 1년][당일발송][방문수령] DSLR 렌즈 카논
kanon",
        "item_id": 16,
        "item_name": "[카논렌즈][병행수입품] 카논 EF-S 55-250mm F4-5.6 IS
II [카논전문판매점][A/S 1년][당일발송][방문수령]",
        "item_regdate": 20140107,
        "item_list_price": 178910,
        "item_sales_price": 173550,
        "item_delivery_flag": false,
        "item_delivery_price": 2500,
        "item_save_point": 173,
        "cat_first_id": "2",
        "cat_first_name": "DSLR",
        "cat_second_id": "2_2",
        "cat_second_name": "DSLR 렌즈",
        "cat_third_id": "2_2_1",
        "cat_third_name": "카논",
        "brand_id": 5,
        "brand_name": "카논",
        "seller_id": "kanon",
        "seller_name": "(주) 카논이미징",
        "item_sales_volume": 90,
        "item_review_score": 98,
        "item_review_count": 72
      }
    },
  ……중략……
    }
  ]
}
```

5 | Elasticsearch Site Plugin 활용

elasticsearch에는 많은 플러그인이 존재한다. 그중 검색엔진을 운영하고 관리하는 데 유용한 플러그인[01]을 설치하여 활용하자. 여기서는 가장 많이 사용되는 사이트 플러그인에 대해서 알아본다.

5.1 Marvel Plugin

elasticsearch에서 공식 버전으로 공개한 사이트 플러그인이다[02]. 개발용은 무료로 사용할 수 있다. 노드들에 대한 stats[03] 정보를 인덱스에 색인하여 검색과 대시보드 형태로 정보를 제공한다. 이 플러그인은 Logstash[04]와 Kibana[05]를 기반으로 구성되어있으므로 관련 오픈 소스에 대해서는 별도 학습을 통해 사용법을 익히도록 한다.

설치 명령어는 다음과 같다. 모든 사이트 플러그인은 plugins 폴더 아래 설치된다.

```
$ bin/plugin -i elasticsearch/marvel/latest
```

---

01 http://www.elasticsearch.org/guide/en/elasticsearch/reference/current/modules-plugins.html#site-plugins
02 http://www.elasticsearch.org/overview/marvel/
03 http://www.elasticsearch.org/guide/en/elasticsearch/reference/current/cluster-nodes-stats.html
04 http://www.elasticsearch.org/overview/logstash/
05 http://www.elasticsearch.org/overview/kibana/

[그림 5-1] Marvel Plugin 화면 뷰

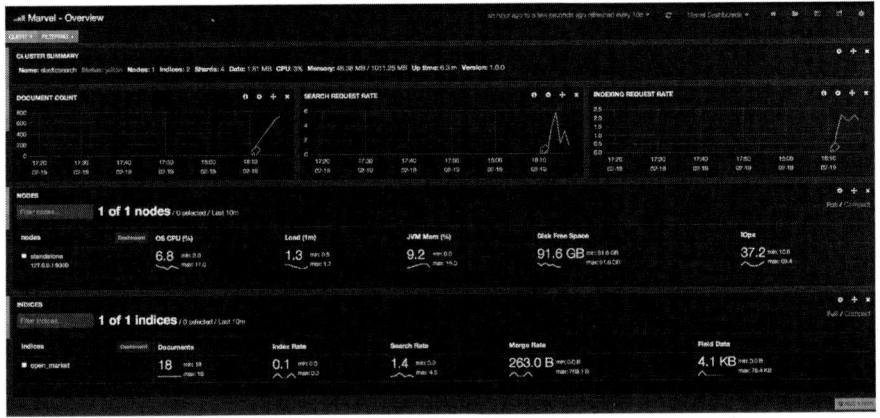

5.2 Head Plugin

가장 많이 사용하는 플러그인으로 인덱스와 샤드, 도큐먼트에 대한 관리 및 상태를 점검할 수 있다. 기본적인 검색 질의 기능까지 제공하는 사이트 플러그인이다.

[그림 5-2] Head Plugin 화면 뷰

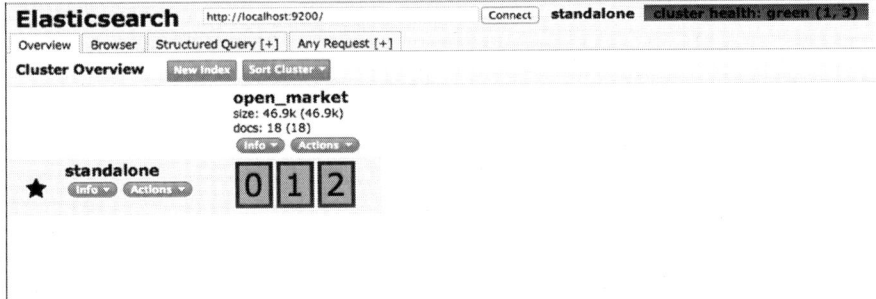

- Overview: 기본적인 노드 목록과 노드에 생성된 인덱스 목록을 자세하게 보여주며, 인덱스의 메타 정보와 관리를 위한 기본 액션을 포함한다.
- Browser: 생성된 모든 인덱스 목록과 필드 그리고 저장된 데이터 목록을 보여준다.

- Structured Query: bool 쿼리 형태로 질의가 가능한 웹 화면을 제공한다.
- Any Request: JSON 형태의 쿼리를 생성하여 질의할 수 있는 기능을 제공한다.

설치 방법은 다음과 같다.

```
$ bin/plugin -install mobz/elasticsearch-head
```

5.3 Bigdesk Plugin

서버와 검색엔진의 상태 그리고 자원 현황을 실시간으로 모니터링할 수 있도록 지원하는 사이트 플러그인이다. marvel과 다른 점은 별도 인덱스에 상태 정보를 저장하지 않고 실시간으로 검색엔진의 정보를 대쉬보드로 구성한다. 실시간 정보 외에 과거 데이터는 조회할 수 없다. 이 플러그인은 클러스터 API 중 node stats API[06]를 사용한다.

[표 5-1] Nodes Stats 항목

항목	설명
indices	인덱스 크기, 도큐먼트 수, 검색 수행시간, 색인 수행시간 등에 대한 정보
fs	파일 시스템 정보와 디스크 읽기/쓰기 통계 등의 정보
http	HTTP 연결 정보
jvm	JVM 관련 통계와 메모리 풀 정보 등
network	TCP 통신 정보
os	운영시스템의 cpu, mem, swap, load 등의 통계 정보
process	프로세스에서 사용하는 cpu, mem 등의 통계 정보
thread_pool	검색엔진에서 사용하는 스레드 풀의 통계 정보
transport	클러스터에서 통신에 주고받은 통계 정보
breaker	JVM 메모리에 등록되는 필드 데이터 통계 정보(메모리 사용에 대한 안전 장치로 활용)

---

06 http://www.elasticsearch.org/guide/en/elasticsearch/reference/current/cluster-nodes-stats.html

설치 방법은 다음과 같다.

```
$ bin/plugin -install lukas-vlcek/bigdesk
```

[그림 5-3] Bigdesk plugin 화면 뷰

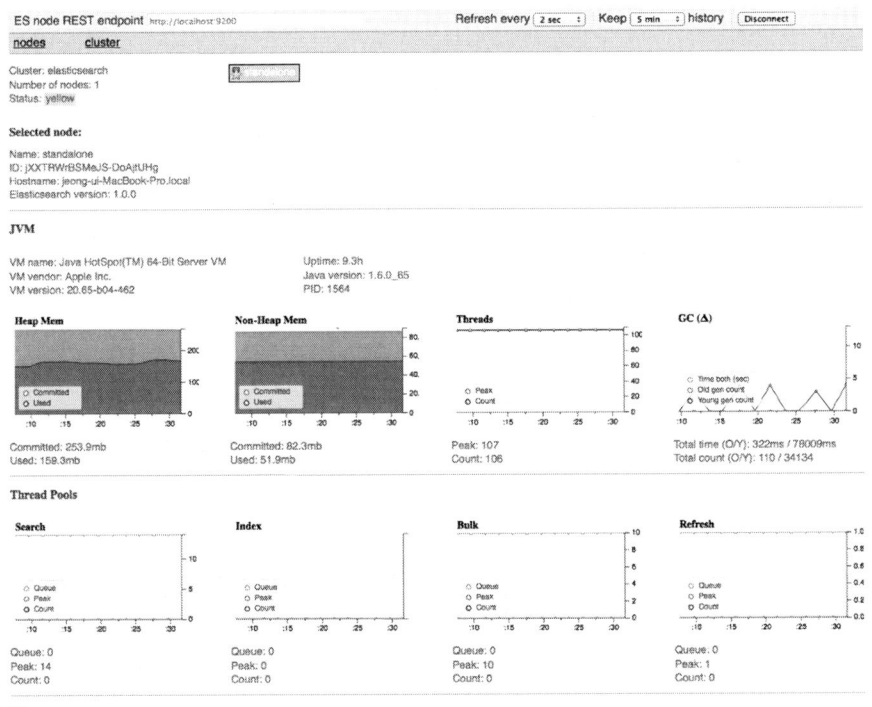

5.4 Sense

크롬 브라우저에서 사용할 수 있는 extension으로, 설치된 검색엔진에 REST API를 실행하고 결과를 확인하는 기능을 제공한다. 자동완성 기능이 있어서 Query DSL[07] 작성이 매우 쉽다.

> **NOTE_ Sense**
>
> 설치 장비에 크롬 브라우저가 설치되어 있어야 한다.
> 크롬 웹 스토어: http://bit.ly/es_sense
> 프로젝트 사이트: https://github.com/bleskes/sense

[그림 5-4] Sense 화면 뷰

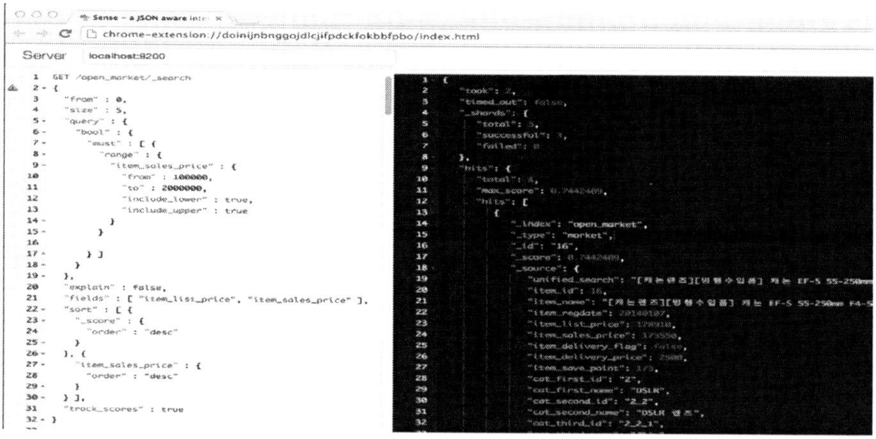

---

07 http://www.elasticsearch.org/guide/en/elasticsearch/reference/current/query-dsl.html

5.5 기타 Site Plugin

- **Elasticsearch HQ**
  head와 bigdesk의 기능이 합쳐진 형태로 화면 구성과 기능 사용성이 개선된 플러그인이다.

- **Hammer Plugin**
  검색 질의와 결과를 제공하는 플러그인이다.

- **Inquisitor Plugin**
  검색 질의와 결과를 포함하고 별도 형태소 분석 기능을 제공한다.

- **Paramedic Plugin**
  bigdesk와 비슷한 플러그인이다.

- **SegmentSpy Plugin**
  indices segments API[08]를 이용한 인덱스와 샤드 정보를 제공한다.

---

08 http://www.elasticsearch.org/guide/en/elasticsearch/reference/current/indices-segments.html